萬古千秋事有慈窮源一念没來
由此心歸於真如海不向江河
作細流

定慧初修

袁焕仙
南怀瑾

著

人民东方出版传媒

东方出版社

图书在版编目（CIP）数据

定慧初修/袁焕仙,南怀瑾著.—北京:东方出版社,2022.1
ISBN 978-7-5207-0760-2

Ⅰ.①定…　Ⅱ.①袁…②南…　Ⅲ.①佛经-注释　Ⅳ.①B942

中国版本图书馆 CIP 数据核字（2019）第 210198 号

定慧初修

袁焕仙　南怀瑾　著

责任编辑: 王夕月　张莉娟
出　　版: 东方出版社
发　　行: 人民东方出版传媒有限公司
地　　址: 北京市东城区朝阳门内大街 166 号
邮　　编: 100010
印　　刷: 北京明恒达印务有限公司
版　　次: 2022 年 1 月第 1 版
印　　次: 2023 年 4 月第 3 次印刷
开　　本: 650 毫米×960 毫米　1/16
印　　张: 13.25
字　　数: 144 千字
书　　号: ISBN 978-7-5207-0760-2
定　　价: 36.00 元
发行电话: (010)85924663　85924644　85924641

编者的话

南怀瑾先生是享誉国内外,特别是华人读者中的文化大师、国学大家。先生出身于世代书香门第,自幼饱读诗书,遍览经史子集,为其终身学业打下了扎实的基础;而其一生从军、执教、经商、游历、考察、讲学的人生经历又是不可复制的特殊经验,使得先生对国学钻研精深,体认深刻,于中华传统文化之儒、道、佛皆有造诣,更兼通诸子百家、诗词曲赋、天文历法、医学养生等等,对西方文化亦有深刻体认,在中西文化界均为人敬重,堪称"一代宗师"。书剑飘零大半生后,先生终于寻根问源回到故土,建立学堂,亲自讲解传授,为弘扬、传承和复兴民族文化精华和人文精神不遗余力,其情可感,其心可佩。

本书以佛法之无漏三学戒、定、慧为中心议题,收录了南怀瑾先生及其恩师袁焕仙先生有关止观、修定、修慧的述作,既有对三学的总的阐述,又有对禅观、般若正观、观音法门、净土法门等的研究与讲解,为学佛者提供了入门的方便。其中提到的许多问题,都是实际修习中经常会遇到的难点疑点,南先生以过来人的经验,以透彻通达的智慧,为读者提供正知正见,提示重点要点,真正起到了答疑解惑、指点迷津的重要作用。他更郑重提示大家,佛法一定是圆融的,没有"此事非如此不可"的世间成见，这点值得所有人细细思考参究。

戒定慧之学，涵盖了佛教的全部教义，包含了全部修行法门，它们之间既循序渐进，更相辅相成。对于修习之人，南先生强调，必须要有大愿力和大善行贯彻始终，且"说得一尺不如行得一寸"，不论出世入世，都要知行合一、悟行合一，这样才能够真正进入，才能够谈成功。先生的经验是，念佛念得好的人，其外貌更显慈祥、可亲、活泼、和蔼、清净、庄严，心身更健康，头脑更清楚。先生一贯认为，学佛也好，修道也罢，重点、关键点，也是终极目标是要做回一个活活泼泼的平凡人，成为一个慈悲喜舍的平凡人。

我社与南怀瑾先生结缘于太湖大学堂。出于对中华优秀传统文化的共同认识和传扬中华文明的强烈社会责任感、紧迫感，承蒙南怀瑾先生及其后人的信任和厚爱，独家授权，我社遵南师遗愿，陆续推出南怀瑾先生作品的简体字版，其中既包括世有公论的著述，更有令人期待的新说。对已在大陆出版过的简体字版作品，我们亦进行重新审阅和校订，以求还原作品原貌。作为一代国学宗师，南怀瑾先生"通古今之变，成一家之言"，毕生致力于民族振兴和改善社会人心。我社深感于南先生的大爱之心，谨遵学术文化"百花齐放，百家争鸣"之原则，牢记出版人的立场和使命，尽力将大师思想和著述如实呈现读者。其妙法得失，还望读者自己领会。

东方出版社

二〇二一年十二月

目　　录

蕴一空 依性起修○无量法门誓愿学○观与照是同
是别？○般若正修　事理一定圆融○学佛从有寻有
伺开始○境风吹识浪　自有定盘心○轻轻从心头起
观○为大家讲个禅宗故事○苦由我来　有我就有苦
○四大并没有障碍你○多受一分罪　多消一分业○
善念恶念都不沾○生死本空　有何可怕○见性解脱
能所双泯○自度自度　快快自度○

修止观与参话头法要

盐亭老人袁焕仙先生著

勤三学

戒学

定学

慧学

勤三学

树信依师，舍三学而业何修？德何进？三学者，戒、定、慧也。无戒而德莫全，无定而事莫成，无慧而智莫显。德者，仁也。慧者，智也。事者，勇也。释曰戒定慧，孔曰智仁勇，东方有圣人焉，西方有圣人焉，此心同，此理同；盖不同，即非圣人。古德云：同一鼻孔出气。故曰：十世古今，始终不离于当念。无边刹境，自他不隔于毫端也。然学人致力于斯，每生多异，今以二法揭其咎。

一、志困平常

尝自念言：是三学者，人人能作，人人能解，实无奇特，宁有胜行？以白乐天之贤，白鸟窠言，犹曰三岁孩儿解得，况其余乎！惟以平视，遂忽不趋；无始沉沦，长劫没顶。古德讥曰：近山无柴。近河无水。

二、心理怠忽

未了当体圆成，无德不具，放心不系，怠忽趑趄，谓此三学，圣者所居，凡庸宁至？或云：法尔如是，何假他求。以智𬭤之精勤，未遇玄策，犹困半途。慧南之勇锐，不识云峰，尚落窠臼。况其余乎？惟以怠居，遂远离勇。古德曰：几多鳞甲为龙去，虾蟆依然鼓眼睛。

此略立二支，余固不及也。依次第言：三学启当人之一行。

戒 学

沙弥十戒，比丘二百五十戒，菩萨十重四十八轻戒，密乘十四，优婆塞、优婆夷等，乃至八万细行，统曰戒也。无戒何以全德？德不全，行焉尚？尚行全德，君子胜行，莫尚乎此。行人无始落没天涯，还家路迷，荡不知返，邪师诡说，异论庞然。今欲回车，途何由识？此戒者，指途的要。依要而行，安全抵舍。故曰：佛涅槃后，以戒为师。《永嘉集序》曰：非戒不禅，非禅不慧。

或曰：湛堂准谒梁山乘，乘曰：驱乌未受戒，敢学佛邪？准捧手曰：坛场是戒邪？三羯磨、梵行、阿阇黎是戒邪？乘大惊。又有以戒定慧学，问一古德者。德曰：我这里无如是闲家具。

又嵩岳元珪答乞戒者曰：汝既乞戒，即既戒也。所以者何？戒外无戒，又何戒哉！又曰：若能无心于万物，则罢欲不为淫，福淫祸善不为盗，滥误疑混不为杀，先后违天不为妄，昏荒颠倒不为醉，是谓无心也。无心则无戒，无戒则无心。无佛无众生，无汝及无我，孰为戒哉？云云。如彼说，又何邪？

曰：是法非语言能诠、意识能缘。汝辈但紧紧记着、守着，无戒而德莫阶，无舟而海莫泛，则得矣。何也？在他既阶既泛之人，何德非戒？何行非戒？何事非戒？若然，持邪？犯邪？开邪？遮邪？开遮持犯之法以权，信愿行证之趣为实，因权及实，既及实已，云何是戒！云何非戒！然未济海者，固不可忘乃舟也。行人！行人！即应严守下①之五戒：一杀、二盗、三淫、四妄、五酒。

又此五戒者，任何一戒，严守专工，悉能了彻本来，发明大事，况尽持乎？他方非计，以吾土言，道宣辈其先例也。

定　学

记曰：知止而后有定。佛曰：奢摩他。天台大小止观，定相千差，定名匪一。曰：定则不二。佛说无量法门，总摄止观。止者，心一境性。观者，抉择法慧。心一境性，缘无分别。抉择法慧，缘有分别。无分别断烦恼现行，有分别断烦恼随眠。二者相依，疾风扫叶。若曰偏废，必覆辅车。又止者，定也。观者，慧也。今以观糅杂于定学，共立一节者，盖以遍言，无止非观，无观非止。且欲于下文第四节开彼参话头等四法也。黄叶止啼，讵实义乎？是皆路途之方便，非及奥之良规。若及奥也，则此戒定慧学，皆为闲话，尚何所谓糅杂非糅杂邪？然此止观，亦开为二：

一、胜妙止观。先得止而后起观者。

二、随顺止观。依学人功行、方便、次序不定。

曰止观，曰胜妙，曰随顺，种种名，种种法，悉以实诠人无我、法无我为其究竟。当人苟直下无我，无我则无心，无心则无法，无法则无人，而大用繁兴也。曰止，曰观，讵不悖

---

① 原文为"左"，今改简体横排，故改为"下"。

乎！其或未然，刺股封衾，宁忘载道。既载道也，而于此道起大障碍者，厥有多咎，今但及二。

一、昏沉

心身于所缘境，无堪能性者，昏沉也。如心缘无念而定，久渐心昏身疲，继至睡眠等，修定行人最难辨者此耳。盖掉举易知，昏沉难捡。古人于此，乃开二门：一粗，二细。粗固无论，细为如何？谓于所缘境，稍不明显，心无策励，皆昏沉也。比来同辈，每印个似清净境界，或少许光影者，即曰：得某定、某三昧。以余勘之，皆昏沉也。去圣日遥，谬阳焰而曰清波，可无惧乎？

二、掉举

贪彼前境，妄计过未，摇心异趣，随业散乱者，掉举也。如心缘无念而定，久则放心不求，自意不牧，遂至朋从尔思。修定行人，人百其病。苟无昏沉掉举，无论何人，当时泊然在定，讵有他哉？一切止观法，衍文也。

行人既不越乎止观，然则缘当何缘？此无定法。要以行人乐欲及烦恼轻重而为对治，略开六法：

（一）贪重者，应缘不净法。

（二）瞋重者，应缘慈悲法。

（三）痴重者，应缘缘起法（十二缘起）。

（四）慢重者，应缘界差别法（地水火风空识）。

（五）寻思重者，应缘出入息法。

（六）等分行者，应缘各别缘上诸观。

止观理趣，既已粗知，于焉起行，得地为上。古哲择处，人物悉宜，四时咸序，曰山、曰海、曰崖谷、曰市廛，总以便利行人，不害进业为是，当人自检。

既得地已，行住坐卧，无非道场。为利初机，故言坐法。金刚坐、狮子坐、七支坐等，坐有多名，名有多德，都非此急，今以下①之九法为行者的趋，若忘筌罤，是此非此，均无不可也。

（一）跏趺或半跏趺——如有病或吃苦随坐亦可。

（二）竖脊——直如树铜钱。

（三）平肩——肩须放松。

（四）手置脐下，约四指处结定印——右手放在左掌上，必两大指微微相触。

（五）项微俯——项左右有脉如鱼鳃，出入循环，冲动内气，故易掉举。微俯则压二脉不动，自然在定也。

（六）唇合，任其自然。

（七）舌抵上颚。

（八）眼微开，自鼻端下视——远五尺近三尺。

（九）呼吸任其自然。

行既趋乎上阶，业每新于日异，笃行固一，业相繁多，先圣以九法表之，令行者无栖故窠，日新乃德，其可追也。今示定相，亦曰止相当然应有之过程，如次：

（一）内住——即念住。摄外攀缘，离内散乱，最初系心故。

（二）等住——即续住于所缘境，相续而转，微细系缚渐略故。

---

① 原文为"左"，今改简体横排，故改为"下"。

（三）安住——或失念，或驰散，能复敛摄故。

（四）近住——收摄失念，及驰散，已能如理安住故。

（五）调顺——思维定生功德乐，察烦恼过患，令其调伏，心不散乱故。

（六）寂静——于粗寻思、烦恼，能起正念断除，令心不流散故。

（七）最寂静——于极寻思、烦恼，亦能断除，或时失念，率尔现行，亦能治伏，如是等过，令不更起故。

（八）专住一趣——于所缘境，恒常相续而有功用故。

（九）等持——于所缘境恒恒相续，无功用故。

是九相者，修定行人必经之程，得等持已，心一境性，即时身心轻安，名为得止。止者，定也。行人证此轻安，即得定也。然此亦有四胜相，恐学者昧而不察，得少忘全，特开四法，检其伪真。

（一）头项似重而无损恼。

（二）遍身如风内触妙乐。

（三）身内如满溢状。

（四）于诸烦恼乐断能断。

止既得已，由此起观，曰妙胜观。以外道例，止共而观不共。盖外道有止而无观，纵曰观，非此之观也。

观亦开二门六事。二门者：一、正思择。二、正极思择。正思择，缘尽所有性。正极思择，缘如所有性。此复依六事而行，观察如次。

（一）义。谓于所缘依圣言教，而明了其义。

（二）事。谓由义所指之一切事。

（三）相。谓所缘之事，思维其自相及共相。

（四）品。谓依义及不依义，所得善果恶果。

（五）时。谓于过、未、现决定如此。

（六）理。理又开四。

1. 观待道理。以观待而自明（如烟起而知有火）。

2. 作用道理。以作用而自明（如笔墨人作用而成字）。

3. 证成道理。以证得而自明（如饮茶已而渴解）。

4. 法尔道理。不待证而自明（如三加二等于五）。

既得止已，依轻安力，起分别观，观法虽多，无我空观，最为殊胜。所以者何？以此观者，能破根本我执也。如是分别思维，因止以观，因观以止。有时全止无观，有时全观无止。有时观止双忘，有时观止共显。时时增上，了体明静，所观能观，一切不系，内心外境，了不可形。而当人在此过程之中，所见如虹、如电、如日月、如流星、胜境、劣境、光影、非光影等，一切境界，不舍不取，无憎无爱，一一消归自性，乃曰观果。

上说杂摘经论，百中仅一，行人但企于此，曰观，曰止，其庶几也。然略而未及者，止观之前行资粮，并正行时之助行，与断除沉掉之方便耳。宁可忽乎！权开三法，次略说之。

一、未修止观前，应具之资粮

备预不虞，先哲所钦。矧应具之资粮乎？诗曰：乃裹糇粮。唯识于斯，特立一位，曰资粮位。固不可忽也。今依论摘四：

（一）地随顺。上文已粗说，即得爽垲之地等。

（二）戒清净。戒如筏，舍筏何渡。

（三）远离欲。欲如系，离系乃行。

（四）应决定三见。

1. 出离见。人天六道，善恶诸业，皆为有漏，决不染不着。

2. 菩提见。即觉也。行人当净佛国土，成就众生，难行能行，决不推诿。

3. 空见。一切法因缘而生。

二、正修止观之助行

借错攻玉，尚咏他山，履此胜行，宁忘助伴。缘苟有怼，过患立显。废半途，返归车者，悉由此也。先圣悯之，爰开六法：

（一）睡眠适度。是睡眠者，本系过患，身不堪能，乃暂休息。行者应作如是思维，务于自所缘，自思择，审度如理，即在睡中，亦不忘失。睡眠时间，亦须适合，总以恢复疲劳为度。过短过长，皆为过患。睡眠方式，以吉祥睡法为是。盖此式诸圣所由，能除恶梦，及贪着睡眠等诸过患也。

（二）食知量。万病多从食有，讵知食即是病。行者食时，当作疾病想、防护想、不自在想、报恩想、药想，如量而止。

（三）密护根门。色、声、香、味、触等，本自虚寂，当体即空。如空无染，仁者自闹。苟不取相于外，云何能动于中，内外翕然，天君寂然，漏泄远矣。

（四）正知而住。义所当为，力所能为，如理而为，不躁不诿，为而不为，无间无遗，一派圆成，法尔如是。曰：正知而住。

（五）发露忏悔。日新又新，德基于悔。讳恶自封，善无由迁。讳恶岂君子，迁善非小人。欲完大事于将来，宁潜过患于今日，过而不潜，悔德尚矣。

（六）恳祷加持。易尚感通，爰立恳祷。恳祷曰感，加持曰通。感而遂通，物且云然。君子胜行，宁忽乎此？密乘之所以重礼拜，而诸宗之所以有祈祷矣。斯法也，大人犹驭，矧彼初机。

如是六法，行人朝斯夕斯，借助于彼，所作必办。

三、正修断除沉掉方法

曰止，曰观，从本以来，人人具足，个个圆成，亦非他得，不从师授，且非修有。若修而有，小乘法，外道法，邪法也。讵正法，无为法，无上大法邪？良以沉掉二障，趋役行人，不驰则昏，遂昧本来，若无沉掉，当下即通，不求已得。及通也，得也，沉掉亦是本来，一切何非大用。若然，行人未通未得者，固不得言无修也。修者何修？去沉掉耳。此开六法，果当人直下，心如虚空，不着空见，应用无碍，动静无心，凡圣情尽，能所俱泯，则性相如如，无不定时也。于焉千法皆赘，一法也无，况云六邪？检之勉之。

（一）掉举时应修止。

（二）昏沉时应修观。

（三）修止修观，于沉掉仍不能去，应起经行，或讽诵、持念、忏悔，总以远离为是。

（四）掉多者，应多观五欲过患。

（五）沉多者，应多思维定有功德。

（六）沉掉俱无者，应修行舍，稍缓功用，看止是何法？

观是何行？能观所观，为自为他？自然头头上显，物物上明也。

如是等法，当人倘一觑觑破，曰止，曰观，曰戒定慧，曰三藏十二，胜劣一切等说，都成话柄也。讵不毅然大丈夫哉！苟自缚而求解，无病而长呻，三世诸佛，将奈尔何！

慧　学

恰恰用心时，恰恰无心用。无心恰恰用，常用恰恰无。学，学何道？会，会何法？有学有会，恰恰学错、会错。然则无学、无会邪？曰：否！否！有且错，况无邪？进云：有无不居，学人究从何会？先生曰：当人开眼阖眼，凡所见色，皆是见心。心不自心，因色故有。汝但随时言说，即事即理，都无所碍，即菩提道果也。菩提道果者，慧果也。慧果者，佛果也。能如是，即上趋乎三藐三菩提也。宁舍此而别有他学曰会取邪？故曰道不属修，若言修得，修成还坏，即同声闻。若言不修，即同凡夫。或曰：初机者不言修，云何达道？况今之修道者，遍诸方何邪？

先生曰：自性本来具足？但于善恶事上不滞，唤作修道人。船子诚曰：藏身处莫踪迹，莫踪迹处莫藏身，唤作修道人。不如密多曰：出息不随众缘，入息不居蕴界，唤作修道人。百丈曰：即此用，离此用。离此用，即此用。唤作修道人。舍此不图，取善舍恶，观空入定，悉属造作，统摄驰求。讵知转求转疏，转疏转远，穷劫不能履乎上阶而趣慧果也。悲乎！悲乎！六祖能曰：若得解脱，即是般若三昧。般若者，智慧也。三昧者，正受也。舍此则邪则愚，而非至行也。般若三昧，即是无念。何名无念？见一切法心不染着，是为无念。用即遍一切处，亦不着一切处，但净本心，使六识出六门，于六尘中无杂无染，来去自由，通达无碍，是为无念。若百不思，百不想，合眼瞑坐，常令念绝，即是法缚，乃边见也，不名无念，不名般若。讵曰三昧邪？马师曰：前念、中念、后念，念念不相待，念念寂灭，唤作海印三昧。是法也，不历阶梯，亦无顿渐，悟此即登佛地，一切不假他求。曰上根，曰中根，曰下根，曰三学，曰多学，曰万行，曰一行，皆方便而言，就行人迷悟，示践履差齐耳。今兹权开四法，导彼初机。若曰悟门，极尘沙而罔罄，开一法已云多，固不计也。

一、随体消

长庆叩百丈之室曰：愿识佛性义。丈曰：大似骑牛觅牛。庆曰：识得后如何？丈曰：如骑牛人归家。庆曰：未审始终如何保任？丈曰：如牧牛人执杖视之，不令犯人禾稼。庆从兹领旨，享受下半截风光，更不驰求。此随体消之楷范。是法也，易滞在体而难脱落。古德曰：就体消停得力迟。

二、从缘入

香严击翠竹以明心，灵源见桃花而悟本，从缘也。古德曰：从缘入者得力强。盖谓其直切契证，而远离乎情缘意度也。

三、依文字

依先圣教言，如理而知，知实而行，或观或止，以戒以诚。丕说诠乎已言，幽理彰于未著。句破楞严，先型悟则。语阅玄沙，竟彻灵源。曰：依文字。古德曰：从文字得力者弱，盖幽虽渐著，理难彻忘矣。

四、参话头

此法至易至简，至高至玄，胜行中之特行，要法中之妙法也。以言乎义，空生莫赞。以言乎慧，身子莫诠。摄上中下三根，普过未现三际。行者何修得闻此法？既闻此法，即得此法。既得此法，喻如金刚王剑，魔来斩魔，佛来斩佛，何坚而不摧邪？伊庵曰：是法也，穷未来际而不渝。知言哉！爰以六说，略尽其义。

（一）话头之缘起。

话头者，黄檗揭于前，妙喜倡于后，比来宗门下客言，趣乎入处，莫不竞尚话头。而古人一言一句，契机契理，息心忘心，发明大事之风，不必曰无，然亦渐寝也。原古人纯笃，大事未明，如丧考妣，异域抉择，殊方趋诚，心摇摇于胜义，情殷殷而神一。孟子曰：是集义所生。集义而非，非话头，即话头。话头之义，实亦潜寓也。末法人情浇薄，集义既难，趋诚者少，而此法门，遂应运而诞也。旨哉！旨哉！千古不渝，人百其口，讵能罄赞。

（二）话头之殊胜。

当人果能直下荐取，探堂达寝，固无论也。其或未然，宁离功用。且谈功用者，不越止观。

是法也，止观双运，遮照互通。止则沉掉皆破，观则体用齐彰。惧显而放遮以诠实，虑隐而拘照以明真。不沉不掉，无放无拘。入乎否邪？此观音入德之门，诸菩萨入德之门，三世诸佛、一切贤圣入德之门也。然则参法伊何，说如下支。

（三）话头之参法。

法本无法，无法亦法。今必依法，便摘古德参情数则似之，以新来学。黄檗运曰：若是丈夫汉，看个公案。僧问赵州，狗子有佛性无？州云：无。但二六时中，看个无字，昼参夜参，行住坐卧，着衣吃饭处，屙屎放尿处，心心相顾，猛著精彩，守个无字。日久月深，打成一片，忽然心华顿发，悟佛祖之机，便不被天下老和尚舌头瞒，便会开得大口也。达摩西来，无风起浪。世尊拈花，一场败阙。到这里，说甚么阎王？老子千圣，尚不奈你何！

赵州谂曰：汝但究理坐看二三十年，若不会，截取老僧头去。

大慧杲曰：当人当以生死二字，贴在头上。茶里饭里，静处闹处，念念孜孜，心知烦闷，回避无门，求生不得，求死亦不得，到这个境界时，善恶路头，相次绝也。切莫放过，正好把一个话头，直截看下。看时不用博量，不得注解，不用分晓，不得向开口处承当，不用向举起处作道理会，不得堕在空寂处，不用将心等悟，不得向师家说处领略，又不得掉在无事甲里，行时卧时，但切切提撕，提撕得熟，口议心思，都不能及，方寸里七上八下，如咬生铁橛，莫滋味时，千万莫要退志，正是好消息到也。

又：把一个话头，喜怒静闹处，亦须提撕，第一不得用意待悟。若用意待悟，则谓我至今迷，执迷待悟，纵经尘劫，亦不能悟。但举话头时，略抖擞精神，看是个甚么道理而已。

又：僧问赵州，狗子还有佛性无？州云：无。此一无字，便是破生死疑情的刀子也。这刀子把柄只在当人手中，教别人下手不得，须是自家下手方亲。若舍得性命，方肯下手。反之，亦须在疑不破处，捱将下去，倘蓦然自肯，舍命一下便休，那时方信静时便是闹时的，闹时便是静时的，不着问人，自然不受邪师胡说乱道也。

又：日用二六时中，不得执生死佛道是有，不得拨生死佛道是无，但只看个狗子还有佛性也无？州云：无！无！如是参法，舍是无法，行人但行是法，无事不办，即名胜行、上行、梵行。可忽乎？

（四）话头之歧路。

古德参话头得入者，指不胜屈，而策意行心，略不外上①之理趣。果能把此一心不异，驀直而前，何坚不摧，发悟可立而待也。然则话头法门，百益而无一害乎？曰：否！钱伊庵云：话头之弊，歧途有二。伊庵造诣，固不足称，然检点斯处，亦有可取，宁曰以人而废言乎？今说之，以餍行者。

钱伊庵曰：参话头之弊，厥有二歧，一说道理，二认光影。如参无梦无想公案，忽然自心谓云：不过令断妄想，亦别无奇特。又谓既无梦想，何有主公。更以所参在无梦想处，而实悟不在，此之类，各各游思，种种妄想，落说道理边收也。参情紧急，忽觉本心如日当空，或如孤灯独照，或密入无间，或大弥虚空，或金光闪烁，或暗然空寂，或大地平沉，或见佛菩萨像，以及一切殊胜非殊胜，种种皆光影边收，非悟门，非本心也。

上之种种，无一而非透路，无一而非要门，总在当人明得透，信得及，把得住，一闻便信，一信便行，一行便深，一深便直趋而入闉达奥，方堪称为宗门种草。若徘徊歧路，相羊两

---

① 原文为"右"，今改简体横排，故改为"上"。

头，痴云甚矣。

（五）话头之检择。

检择话头，以何为尚？大慧杲多主单提无字，天奇瑞专以谁字示人，伊庵则以"无梦无想，主人公毕竟在什么处安身立命"为学人必参，此乃能于八识上大亚一刀云云。余意不然，火器铁器，均能杀贼，任一话头，皆可结秀。苟能激得学人疑情起者，便是杀贼利器，固不必拘有义路、无义路，或半有半无义路等。所谓欲尚无所尚，欲为无所为矣。比来丛林，总以"念佛是谁"交令学人一味死参者，亦可笑也。

（六）话头之罢参。

问者曰：参究话头，以何时已？

先生曰：是话头也，在未悟前，为方便般若，既悟后，为实相般若。未悟前，参一话头，便是一话头，有参时，有不参时，有打成一片时，有走着而片段不成一片时。迄彻后，一话头赅一切话头，一切话头为一话头，大地山河、风云雷雨、四时八节、人我是非、一切三昧、一切修多罗、十方圣哲、四类含生、语的、默的、静的、动的，何一而非话头？学人到此，参也是他，不参也是他，觅一星儿参与不参皆是戏论，皆是诤语，皆不可得，何时而已？落在何处？当人自检，思之！思之！

曰戒，曰定，曰慧，支开为三，理原不二。任何一学，皆可了彻本来，发明大事。未了彻前，三学竞秀，理有万殊。既了彻已，一物也无，事非殊致。以戒言，能持即定，知持即慧。以定言，知定即慧，能定即戒。以慧言，能慧即戒，常慧即定。明其德曰：智、仁、勇。即其体曰：法、报、化。绳其用曰：戒、定、慧。随处立名，立名即真。既有真也，妄即虚形。非离真而有妄，实借妄以诠真。真妄虚名，三学焉寄？非达天德者，其孰能游！志公曰：无智人前莫说，打汝色身星散。大慧杲曰：无智人前莫说，打你头破额裂。今昔永叹，贤哲徒怀。

摘自《维摩精舍丛书·黄叶闲谈》

修定与参禅法要

盐亭老人门人乐清南怀瑾先生著

佛说戒定慧，为三无漏学，即定言定，实为戒慧二法之中心，且亦为全部佛法修证实验之基础；盖由定而使戒体庄严，慧发通明，八万四千方便法门，皆乘定力而入菩提果海，各宗修法，皆定所摄。唯定并非专指跏趺坐（俗称打坐）而言，坐与行住卧等，各为四威仪之一，且坐有多种姿势，修定门中，约为七十二种；诸佛所说，以跏趺坐为最殊胜。跏趺坐中，既得定已，而后于行住卧中锻炼如一，乃至应事接物，定力不失，方为坚固，以此证取菩提，如攀枝取果，无不得心应手；然知见不正不彻，修法易歧，摄其理趣法要，略陈端绪，广探其奥，须遍习诸经论，尤于禅观等经，如天台止观、密宗法要等学，详为会通。

兹略述坐法——毗卢遮那佛七支坐法。

一、双足跏趺（俗名双盘），不能者或金刚坐（右脚放在左腿上），或如意坐（左脚放右腿上）。

二、两手结三昧印（右手掌仰放左手掌上，两大拇指相拄）。

三、背脊直立如串铜钱（身体不健康者，初任其自然，定久自直）。

四、肩平（不可斜躯拖压）。

五、头正颚收（后脑略向后收，下颚收压左右两大动脉）。

六、舌抵上颚（使舌轻接于上龈唾腺中心点）。

七、两目半敛（即半开半闭状，或开而易定则开，但不可全开，稍带敛意，或闭而易定则闭，但不可昏睡）。

附注意事项：

一、坐时裤带等束身之物，一并放松，使身体松弛，完全休息。

二、气候凉冷时，必使两膝及后颈包裹暖和，否则，风寒侵入，非药可治，须特别注意。

三、初习定者，空气光线应须调节，不可使光线太强或太暗；因光强易散乱，光暗易昏沉。座前三尺，空气务使对流。

四、过饱不可即坐，昏睡过甚不可强坐，待睡足再坐，方易于静定。

五、无论初习或久习，臀部必须稍垫高二三寸。初习者，两腿生硬，可垫高至四五寸，渐熟渐低（臀部不垫，身体重心必至后仰，气脉壅塞，劳而无功）。

六、下座时，两手搓揉面部及两脚，使其气血活动，然后离座，且当做适度运动。

七、坐时面带微笑，使面部神经松弛，慈容可掬，不可枯槁，免使面容趋于峻冷矣。

八、初习坐时，时间少坐，以适为度，次数多坐，以勤为用，如初练时，强之久坐，必生烦厌。

初习禅坐时，务须极力注意姿势，如渐久成习，无法改正，影响生理心理，反易成病。此七支坐法，所以必须如此规定，其中皆涵有深义，极合于生理心理之自然法则，不宜或违。

人之生命，首赖精神之充溢，故精神须加培养；培养之法，但使心空身宁，使生理机能，生生不已；生之不绝，耗之日少，自然充沛胜常。精神随色身气血之衰旺而见盈亏，气血以思虑劳疲而渐消失；故安身可以立命，绝虑弃欲，可以养神。古医者谓生机借于气化，气运流动，循脉以行；脉非血管，谓身体内部气机运行必循此一规则之线路；唯此事微妙，非粗浅所可知。《内经》言奇经八脉，当从古代道家脱胎；道家以任、督、冲三脉为养生修仙之要，西藏密宗亦以三脉四轮为即身成佛要法。密典如《甚深内义根本颂》，论气脉之学，较之《内经》、《黄庭》诸书，各有其独到之处。唯藏密与道家，虽皆修三脉，而道家主前后，藏密主左右，此为修法之大不同者。但均重中脉（冲脉）为枢纽，两家之见皆同。坐禅姿势，采取毗卢遮那佛七支坐法，虽不明言专注气脉，而其功效，已涵蕴于中。两足跏趺，使气不浮，易沉丹田，气息安宁，心易静止，气不乱行，渐循诸脉流动，反归中脉，迨其脉解心开，妄念不生，心身两忘，斯入于大寂之境，如其气脉不宁，而云能得定，绝无是事。例如常人身体，健康正常，心感愉快，脑力思虑亦少；如有病态，则属相反。又如得定至初见心空者，必感身体轻安愉快，神清气爽，无可言喻。足见心理、生理二者，交互影响，元是一体也。人身神经脉络，由中枢神经左右发展，而相反交叉，故两手结定印，两大拇指相拄，成一圆相，左右气血，起交流作用。体内腑脏，皆挂附于

脊椎，若曲脊弯背，五脏不能自然舒畅，必易致病，故竖直脊
梁，可使腑脏气舒。肋骨压垂，肺即收缩，故肩平胸张，可使
肺量自由扩张。后脑为思虑记忆机枢，颈间两动脉之活动，运
输血液至脑，增加脑神经活动，故后脑稍向后收，下颚略压二
动脉，使气血运行和缓，减少思虑，易得宁静。两齿唾腺间产
生津液，可助胃肠消化，故舌接唾液，以顺其自然。心目为起
心动念之机括，见色而动，闻声逐象，皆目为之机，心乱则转
动不止；傲而散者则上视，阴而沉思者则下视，邪险者常左右
侧视，故敛视半闭，可凝止散乱之心。松解束缚，使身安适，
常带笑容，使精神愉悦，皆为静定之要。故禅坐姿势，皆有关
于气脉，虽不专言调和气脉，而已存摄于其中。若专修气脉，
身见历然，我执难去，反为正觉之碍矣。倘不调正姿势，随意
而坐，曲背弯腰，久必成病，故修禅习坐者，或致气壅，或致
呕血，色身禅病，自是丛生，可不慎哉！如依法修持，身体本
能活动发生作用，气机流行，机能活泼，大乐现前，光明流
露，皆为禅定过程，乃心身动静交互摩荡所生现象，概不可
着，执之即为魔境，致成向外驰求。若修定合法，心身必得利
益，如头脑清凉，目明耳聪，呼吸深沉，四肢柔畅，甘粗粝若
珍馐，宿病消除，精力充沛。至此，须力戒消耗，若一着淫
欲，则气塞脉闭，心身皆病矣。

初修禅定入门方法

定慧入门，首重发心，次当修诸福德资粮，方能入道。显
密修法，各以四无量心为重，若无大愿大行，终入歧途。夫工

欲善其事，必先利其器，吾人六根外对六尘，逐妄迷真，随流不止，《楞严经》中称谓六贼，如云："现前眼耳鼻舌及与身心，六为贼媒，自劫家宝。由此无始众生世界生缠缚故，于器世间不能超越。"今欲依禅定之力，而返还性真，亦当如世俗成事，而有借于工具。修定工具，不待外求，即吾人六根是也。无论眼耳鼻舌身意任取何种，系心一缘，熟练渐纯，即可得初止境。但每一根尘，可产生若干差别法门，分析难尽。佛说一念之间，有八万四千烦恼，故云："佛说一切法，为度一切心，我无一切心，何用一切法。"今言修定入门方法，亦随吾人根器相契者，任择其一，为所依止。试列通常习知者数种言之，广则应习显密诸经论（《楞严经》二十五位菩萨圆通法门，已多汇列）。

一、眼色法门，纳为二类

系缘于物，与系缘光明。缘物者，如于眼可见处，平放一物，或为佛菩萨像，或其他任何物件，但以稍能发光者为宜，而于光色选择，亦须配合个人心理生理，例如：神经过敏，或脑充血者，用绿色光；神经衰弱者，用红色光；个性暴躁者，用青色柔和光体。凡此须视现实情况而定，未可执泥一端，既选定一种，即不变更，若时常变易，反为累矣。

系缘光明者，如对一小灯光（限用青油灯），或香烛光、日月星光等（催眠术家用水银晶球光），此可纳为一类；但以光对视线，稍偏为宜。此外如观虚空，或空中自然光色，或观明镜，或观水火等物光色，亦统纳一类。唯鉴镜观形，习之纯熟，未达理趣，可致神离，幸勿轻试。

若斯诸法，内外诸道通用；其在佛法，首须知为尽是权设，不过初用系心，为入门方便耳。若执着为实，即落魔外，因心不能止于一缘，用作制止。而修定过程中，有种种差别境象，光色境中，易生幻象，或发眼通，不依明师，终为险道。而有上根利器，不即不离，于色尘境中，豁然而悟者，则非常例可拘；如睹明星，或瞥尔见物，即洞见本性。禅宗古德，灵云禅师，睹桃花而悟道，甚为奇特。悟后有偈曰："三十年来寻剑客，几回落叶又抽枝。自从一见桃花后，直至如今更不疑。"后贤有步其后尘，复颂曰："灵云一见不再见，红白枝枝不着花。叵耐钓鱼船上客，却来平地搣鱼虾。"诚能如是，自非诸小法所可囿矣。

二、耳声法门，约有内外二种

内则自作声音，如念佛、念各种经咒等；此复分为三：有大声念、微声念（经称金刚念）、心声念（经称瑜伽念）。当念此声，即用耳根返闻其声。初则声声念念，渐渐收摄，终归于专心一念一声，即得系心初止。外则任缘何种音声皆可，但最好以流水声、瀑布声、风吹铃铎声、梵唱声等。凡缘音声，最易得定，《楞严》二十五位菩萨圆通法门，独以观音为最，故云："此方真教体，清净在音闻。"当初专一声音，不沉不散。已得定矣，持此有恒，忽入寂境，于一切声，皆不闻矣。此乃静极境象，定相现前，经称"静结"，不可贪着，当离动静二相，不住不离，证知中道，了然不生，则已由定而进于观慧之域矣。慧观闻性，非属动静，不断不常，体自无生。然此犹为次第渐法，若禅宗古德，不历阶梯，一句了然，言下顿悟，闻声解脱，忘其筌象者，为数至多，故禅门入道者，统皆谓观世音法门可也。如百丈会中，有僧闻钟声而悟，百丈即曰："俊哉！此乃观音入道之门也。"他如香严击竹而了，圆悟见雉飞而知声，又若圆悟勤之"薰风自南来，殿角生微凉"，又如举唐人艳体诗曰"频呼小玉原无事，只要檀郎认得声"等，皆于言下证入，伟哉胜矣！世之修习耳根圆通者多矣，于动静二相，了然不生句下死者，亦复甚众。纵然离外境音声，了不相关，自能寂然入定；孰知定相现前，仍为静境，不了自心自身，皆本来在于动静二相之中，犹为外见。若能超越于此，可许入门矣。

三、鼻息法门

统纳一类，即缘呼吸之气也。进而呼吸细止，即谓是息。凡修气、修脉，练各种气功、数息、随息等法，皆摄此门；天台、藏密二家，尤所注重。其最高法则，即为心息相依。凡思虑过多，散乱心盛者，依息缘心，易见功效，既得止已，细微体察，可见心息本来相依为命。念虑非缘息而不生，气息以念虑而起作，气定念寂，泊然大静。然斯二者，皆为本性功能之用，非道体也。道家之言，有先天一气（气或作炁），散而为气，聚而成形之说。一般外道，误执气为性命之根本，认物迷心，不知体性为用，内外之道，于是分歧。若了自性，工用日深，得心息自在之用，则归元无二，一切皆为权法矣。

四、身触法门，此分广狭二类

广义者，如上所述诸法，莫不依身根而修，苟我无身，六根何附？狭义者，如专注想色身一处，如眉间、顶上、脐下、足心、尾闾、会阴等；或作观想，或守气息，修气、修脉之类，统摄于此。依身修法，易见感受，触觉、凉暖、和软、光滑、细涩等，不一而足。执此者，常视气脉现象等见，以定道力之深浅，终至陷于人相、我相、众生相、寿者相。密宗、道家，易陷此过，终不易脱法执。身见难忘，黄檗禅师尝以为叹。《圆觉经》云："妄认四大为自身相，六尘缘影为自心相。"古今愚昧，同此一例。故永嘉云："放四大，莫把捉，寂灭性中随饮啄。"或曰：功未齐于诸圣，何能如此？要当借假修真，以此为方便，岂非入德之门耶？曰：苟知如此则可，唯恐迷头认影，终难自拔耳！老子曰："吾所以有大患者，为吾有身！"至哉言乎！从知禅宗古德，绝口不言气脉者，信有以也。

五、意识法门

统摄诸类，广绎如八万四千，大体如《百法明门论》之所具。若上来诸法，虽有五根尘境，五识之所对摄，而五识由意识为主，如傀儡登场，中借一线牵系。意识如统牵诸线之主力，心王为牵线之主人公，凡诸法相，无非心之所生。故一切法门，皆意识所造作也。独指意识自性，强为规范，则观心、止观、参禅等法，当属此门所摄。所谓观心，入门之初，非指具体真心，乃谓念头生灭之妄识心也。静坐观心，唯内观返照，觅此生灭妄心，来踪去迹，相续生灭之流顿断，前念已灭，灭而不追，后念未生，未生不引，当体空寂。喻如香象渡河，截断众流，当体此境，即为"奢摩他"之止。然犹未也，此犹住空，非为究竟，当体观有自空起，空自有立，生灭为真如之用，真如为生灭之体，不住二边，而见中道，中亦不立，边见舍除，即为"毗钵舍那"之观慧。由此而止观双运为因，得定慧等持之果，地地上进，可证圆满菩提。天台之学，与藏密黄教《菩提道炬论》，中观正见等学，不出斯门也。至于参禅，初期禅宗，不立一法示人，言语道断，心行处灭，何有于

斯。后代参禅，以参话头，起疑情，做工夫，非意识而何？唯
其用意识入门，而不同于他法者，即疑情之为用也。所谓疑
情，非如止观之观心慧学，亦非百法所摄之疑，疑而曰情，实
彻第八阿赖耶本识，带质而生。此心此身，互和而凝为一，如
有物横胸，不可拔锲。必待遇缘触物，豁然顿破。故曰："灵
光独耀，迥脱根尘"，"凡所有相，皆是虚妄"矣。若"末后
一句，始到牢关，把断要津，不通凡圣"。此为踏破"毗卢"
顶上，抛向"威音"那畔，千圣聚议，难措一词，岂是思知
虑得，拟议所及哉！

定慧影像

佛法小乘之学，由戒而定，得乎慧而解脱，终至解脱知
见。大乘由布施、持戒、忍辱、精进，而禅定，终至般若之果
海。曰止曰观，皆为定慧之因，言其初象耳。凡六根为用，演
出八万四千方便法门，初皆为止此意念之用。念止为定，以功
力之深浅，分别其次序。其方法则或先以有为之有而入空，或
以空其所有而知妙有之用。方便多门，归元无二也。今拣修
定，首明其定相。系心一缘，制心一处，即为止境，入定之基
也。何谓定？即不散乱，又不昏沉，惺惺而复寂寂，寂寂而亦
惺惺，定也。"不依心，不依身，不依亦不依"，定也。修法
之初，不为散乱，即为昏沉，此二者交相往来，吾人竟日毕
生，于此中讨生活而不觉耳！今析此二法之象。

一、散乱

粗名散乱，细名掉举。若心不能系止于一缘，妄想纷飞，

思想、联想、回忆、攀缘等等形状，不能制心一处，此为粗散乱。若心似已系住一缘，而有若干轻微妄念，如游丝尘埃，犹在往来，虽不干扰，而终为缠眠，此如"多少游丝羁不住，卷帘人在画图中"之概，此为掉举。用工夫者，住此境中者至多，不识不知，自谓已得定矣。孰知其大谬不然！初用心人，先则妄念不止，心乱气浮，不得安静，可先劳其身，若运动，若礼拜，使其身调气柔，再行上座，但不随妄念，只住一缘，久久自熟。换言之，视妄念乱心，如宾客往来，我但专作一主，不迎不拒，渐渐可止。唯将止时，自心忽又觉此止境，即又起妄。再复去妄，妄去又止。如此周旋，终难止矣。须不作修止修定之想，止象现前，不必耽着，方可渐入。倘觉禅坐时，妄念反较平时为多，此乃进步之象，不必厌烦。喻如明矾投水，方见秽浊之质；又如日光过隙，方见飞尘之扬，不足为累。如散乱力大，不可停止，对治之法，可作数息、随息等法，或观想脐下或足心，有一黑色光点。又出声念阿弥陀佛，念至佛时，使此最后声音，拖长下沉，好像心身皆沉至无底处。此皆为对治散乱之有效方法也。

二、昏沉

粗名睡眠，细名昏沉。睡眠乃身疲劳，或心疲劳所致，有此情形，不可强坐。先令睡足，方再上座，如借禅坐而睡，习惯一成，终无得定之望矣。昏沉者，心似寂寂，既不能系心一缘，亦不复起粗妄想，唯昏昏迷迷，乃至亦无心身感觉，此种现象初起时，或有幻境，如梦相似。换言之，幻境之来，必在昏沉状态中者。因在此境界时，意识不能明了，独影意识，生起作用也。修定者，最易落在昏沉状态，若自以为定，堕落可悲。宗喀巴大师尝云："若认此种昏沉为定，命终堕入畜生道，可不慎哉！"对治之法，观想脐中有一红色光明点，直冲上顶而散。或极力提全身力量，大呼一声呸，或捏闭两鼻，忍住气息，至无可忍时，极力用鼻射出，或用冷水沐浴，或作适度运动，如练习气功者，可能少有此种现象（又有认昏沉即顽空，非也，顽空乃木然无思念，类似白痴）。

散乱昏沉，若得离已，忽于一念之间，心止一缘，不动不摇，必生轻安现象。轻安生起，亦有二途：若初自顶上有清凉感觉，如醍醐灌顶，遍贯全身，心止身轻，柔若无骨，身直如松，所缘境念，历历分明，了无动静昏散之相，自必喜悦无量，但或久或暂，犹易消失。若初自足心发起，或暖或凉，渐上至顶，如洞穿天宇，则较易为保持。儒家称静中觉物，皆有春意，如云："万物静观皆自得"，即由此境中体会得来。轻安现象发后，最好独居静室，直道上进。倘复攀缘，终至消逝。如精进无间，轻安觉受渐薄，此非失去，亦如惯食其味，渐失初时异感耳。

由此精进不断，定力坚固，清明在躬，色身气脉，有种种变化，发暖发乐，微妙莫名，即得内触妙乐之趣，方可断除世间欲根。而初机发动，生机活泼，阳气周流，如忘系缘一境，必使欲念炽然，如履险道，可不慎乎！过此以往，发生顶相，气息归元，心止寂境，三昧所戒，难用言传。且此中过程，心身变化百端，皆须知其对治，方克有济，戒所遮止，姑置勿论。

止定之道，至此或有气住脉停现象，他家言其境象至详，邵康节诗云："天根月窟常来往，三十六宫都是春。"但言之甚易，行之维艰。至此仍住定境，可发五种神通，神通以眼通最难发起，如眼通发起，其余可相继而发。亦有根器不同，或发一通，或为并发，并无一定。眼通发时，无论闭目开目，彻见十方虚空，山河大地，微细尘中，一一如透明琉璃之体，不隔毫端。凡所欲睹，应念可见；其余四通，例彼可知。然当此时，定心未臻上乘，智慧未开，既随妄流转，失却本心矣。至若以此惑人，即成魔事。故以定为止境者，如履黑夜，最易落险。魔外分途，正在于心，不可不察。或不发通，而定心坚固有力，随意可控制心身，停止气息心脏活动，若印度婆罗门、瑜伽术、吾国之炼形器合一之剑术等，皆得此而用，以惊世骇俗。唯笃行至此，非摒除外务，穷年累月，专心致力，亦不可幸得也。

佛法内明定慧之学，以定为基，得此定已，终复舍此一念，住于"生灭灭已，寂灭现前"。此心此身，皆所不取，何况心身所发现之诸境界。一有境界可得，即为心所之所生，仍属生灭之念，终为虚妄。《楞严经》云："现前虽得九次第定，不得漏尽成阿罗汉，皆由执此生死妄想，误为真实。"若舍定相，住于寂灭，性空现前，为小乘所宗之果，破了我执得人空耳。修大乘菩萨道者，犹舍空寂，转观假有实幻之生灭往来，缘起无生，成为妙有之用。终复不住不着，不执空有二边，舍离中道，不即不离，以证等妙二觉果海，方知一切众生，本来在定，不假修证也。其中理趣，佛说一大藏教，反复详论，毋待赘言。虽然舍定无基，徒知其理，未证其事，终为乾慧狂见，随流不返，不能主持由我，亦属虚妄耳。世之学贯古今，舌粲莲花者夥矣，工用毫无，徒逞口说者，任从说得顽石点头，终见其无济于事，徒逞人我，毁他自赞，宁为佛心耶！古德云："说得一尺，不如行得一寸。"必当猛自反省，痛砭斯病，循五乘阶梯之学，为不易之理，相期同勉之。

参禅指月

参禅法门，不同禅定，亦不离禅定，其中关系（见"禅宗与禅定"、"参话头"各节），已略言之矣。今复画蛇添足，且作落草之谈。夫参禅者，首当发心。且须知直趋无上菩提，应非小福德因缘可办，由人天二乘而至大乘，五乘道所摄六度万行，修积福德资粮诸善法，均须切实奉行。达摩初祖曰："诸佛无上妙道，旷劫精勤，难行能行，非忍而忍，岂以小德小智，轻心慢心，欲冀真乘，徒劳勤苦。"发心真切，福德圆具，自然时节因缘易熟，择法智慧分明，故曰："学道须是铁汉，着手心头便判，直取无上菩提，一切是非莫管。"既具办此心胸见识已，须觅真善知识，依止明眼过来人，急觅拄杖，直趋大道，不生退悔心，今生不了，期之来生，坚志三生，无有不成者。古德有谓："抱定一句话头，坚挺不移，若不即得开悟，临命终时，不堕恶道，天上人间，任意寄居。"须知古德中之真善知识，深明因果，决非自欺欺人者，其所立言，宁不可信！话头者，即为入道之拄杖，善知识者，犹如识途老马，手握拄杖，乘彼良驹，见鞭影而绝尘，闻号角而脱锁，自他互重，子啄母啐，一旦豁然，方知本未曾迷，云何有悟耶！

若以起疑情、提话头、做工夫，而并论参禅，其中过程，可作影响之谈。须知此所言者，实为影响，非实法也，"与人有法还同妄，执我无心总是痴"！如执以为鉴，印己勘人，皆变醍醐成毒药，丧身失命，过在当人。倘轻以为非，则龙见叶公，顿时远避。是法非法，交代清楚，不任其咎矣。

青原惟信禅师上堂法语云："老僧三十年前，未参禅时，见山是山，见水是水。及至后来，亲见知识，有个入处，见山不是山，见水不是水。而今得个休歇处，依前见山只是山，见水只是水。大众，这三般见解，是同是别？有人缁素得出，许汝亲见老僧。"

故曰："参要真参，悟要实悟。"若大死一番，忽然大活，初见悟境现前，心目定动，觅此身心，了不可得，古德所谓"如在灯影中行"，乃实事境象。到得此时，夜睡无梦，而可证得醒梦一如之境。三祖所谓："眼若不寐，诸梦自除。心若不异，万法一如。"方乃亲见实信，纯为实语，非表诠法相。故陆大夫向南泉禅师曰："肇法师也甚奇特，解道天地与我同根，万物与我一体。"师指庭前牡丹花曰："大夫，时人见此一株花，如梦相似！"此所指梦相似，以及经教所示如幻如梦之喻，皆与事合。及乎至此，亦视力有深浅，须加保任。云岩示道吾以笠，嘱盖覆，庶免渗漏，正为此也。而盖覆保任之功，如百丈示长庆，曰："如牧牛人执杖视之，令不犯人苗稼。"否则，仍复退失。世之禅人，亦多经此境，究乃"如虫御木，偶尔成文"。俗谓瞎猫撞着死老鼠，自无把握。若明得见得，如牧牛保任之功，自然复能深入。但初得此象，易发禅病。韶山示刘经臣居士曰："尔后或有非常境界，无限欢喜，宜急收拾，即成佛器。收拾不得，或致失心。"黄龙新示灵源清曰："新得法空者，多喜悦，或致乱，令就侍者房熟寐。"若到得此已，能随处茅茨石室，长养圣胎，只待道果成熟，然后向世出世间，两边行履，"一切治生产业，皆与实相不相违背"。说得的即是行得的，悟行合一，不落边际，大义当为之事，虽镬汤火炭在前，应无分别而行，久久锻炼，于念而无念之间，自在运用矣。

然犹未也，于此无实相境象，仍要舍离，着此即落法身边事，涅槃果海，犹隔重关。仍须死活几番，打得心物一如，方得心能转物。苟以前境纯熟，得如圆满月时，恰为初悟。曹山所谓："初心悟者，悟了同未悟。"于此语中，须细检点。故南泉玩月时，有僧问："几时得似这个去？"师曰："王老师二十年前，亦恁么来！"曰："即今作么生？"师便归方丈。何以谓至此须打得心物一如，方可转此重关？归宗曰："光不透脱，只为目前有物。"南泉曰："这个物，不是闻不闻。"又云："妙用自通，不依傍物，所以道通不是依通。事须假物，方始得见。"又云："不从生因之所生。"文殊云："惟从了因之所了。"夹山曰："目前无法，意在目前，不是目前法，非耳目之所到。"凡此等等，难以枚举，皆有事相，非徒为理边事也。既到此已，又须抛向那边，如灵云法语，可通斯旨。

长生问：混沌未分时，含生何来？师曰：如露柱怀胎。曰：分后如何？师曰：如片云点太清。曰：未审太清还受点也无？师不答。曰：恁么含生不来也？师亦不答。曰：直得纯清绝点时如何？师曰：犹是真常流注。曰：如

　　何是真常流注？师曰：似镜长明。曰：向上更有事也无？师曰：有。曰：如何是向上事？师曰：打破镜来与汝相见。

　　然则打破镜来，已是到家否？曰：未也。到家事毕竟如何耶？曰：岂不闻乎："向上一路，千圣不传。"虽然如此，姑且指个去路，曰：最初的即是最末的，最浅的就是最高深的，诸恶莫作，众善奉行。

　　如上简述，皆是事理并至，实相无相，影响之谈。是法非法，由人自拣。倘是上根利器，早已不受他人惑乱之言。但切勿轻率口说禅道，事相毫无证得，知解自重，狂言吞人。曰：古德云：大悟十八回，小悟无数回。我已身心皆忘，不识不知，顿然入寂，大死大活过几回，犹未在也，何得言之极简？曰：古德此说大悟小悟，非证事相之言，谓悟理入之门耳。此语固可激励后学，而误人亦匪浅矣。若言顿寂与大死大活无数回，统属工用边事，如曹洞师弟所称功勋位上事，不尽关于吾宗门之实悟事也。唯悟后行履，"不异旧时人，只异旧时行履处"。不执功勋，亦重功勋耳。利智之士，直探根源，但如贼入空室，赤条条来去无牵挂，何有于理于事哉！虽然，也须出一身白汗始得，非如画眉点额事，轻浅可及也。所言出一身汗，终亦不可执相，不出汗而悟者，亦大有人在。但示非甘苦到头，终不踏实耳。如：

　　　　龙湖普闻禅师，唐僖宗太子。眉目风骨，清朗如画，生而不茹荤，僖宗百计移之，终不得。及僖宗幸蜀，遂断发逸游，人不知者。造石霜，一夕，入室恳曰：祖师别传事，肯以相付乎？霜曰：莫谤祖师。师曰：天下宗旨盛传，岂妄为之耶？霜曰：是实事耶。师曰：师意如何？霜曰：待案山点头，即向汝道。师闻俯而惟曰：大奇！汗下。遂拜辞。后住龙湖，神异行迹颇多。

灵云铁牛持定禅师，太和磻溪王氏子。故宋尚书赞九世孙也。自幼清苦刚介，有尘外志，年三十，谒西峰肯庵剪发，得闻别传之旨。寻依雪岩钦，居槽厂，服杜多（头陀）行。一日，钦示众曰：兄弟家！做工夫，若也七昼夜一念无间，无个入处，斫取老僧头做舀屎杓。师默领，励精奋发，因患痢，药石浆饮皆禁绝，单持正念，目不交睫者七日。至夜半，忽觉山河大地，遍界如雪，堂堂一身，乾坤包不得。有顷，闻击木声，豁然开悟，遍体汗流，其疾亦愈。且诣方丈举似钦，反复诘之，遂命为僧。

五祖演参白云端。遂举僧问南泉摩尼珠语请问。云叱之，师领悟。献投机偈曰：山前一片闲田地，叉手叮咛问祖翁。几度卖来还自买，为怜松竹引清风。云特印可。……云语师曰：有数禅客自庐山来，皆有悟入处；教伊说亦说得有来由；举因缘问伊，亦明得；教伊下语，亦下得，只是未在！师于是大疑，私自计曰：既悟了，说亦说得，明亦明得，如何却未在？遂参究累日，忽然省悟，从前宝惜，一时放下。走见白云，云为手舞足蹈。师亦一笑而已。师后曰：吾因兹出一身白汗，便明得下载清风。

若斯之类，方为亲切，而又何其便捷，倘执"大死大活"

"枯木生花""冷灰爆豆""囫的一声""普化一声雷"等，形容譬喻字句，认为实法，必有事相，则于宗门无上心法，永未梦见在，不值识者一笑。如认此皆是譬喻语，非关事相，亦如痴人说梦，不知梦是痴人也。

然则，参禅悟后人，复修定否？曰：修与不修，乃两头语。"不擒不纵坦然住，无来无去任纵横"。终日着衣吃饭，未曾咬着一粒米，未曾穿着一条线，如飞鸟行空，寒潭捞月，终无事相之可得。若犹未稳，一切法门，皆同实相，自可任意摩挲，不妨从头做起。临济示寂时有偈曰："沿流不止问如何？真照无边说似他。离相离名人不禀，吹毛用了急须磨。"曰：还须坐禅否？曰：是何言哉！行住坐卧四威仪中，自然处处会得方可，未可独谓坐禅方是，亦不可谓坐禅不是，如是悟道人，自解作活计，"长伸两足眠一寤，醒来天地还依旧"。又有何处不是耶？黄龙心称虎丘隆为瞌睡虎，岂偶然哉！又如：

> 临济悟后，在僧堂里睡，黄檗入堂，见，以拄杖打板头一下。师举首见是檗，却又睡。檗又打板头一下。却往上间，见首座坐禅。乃曰：下间后生却坐禅，汝在这里妄想作么？

> 铁牛定悟后，值雪岩钦巡堂次。师以楮被裹身而卧。钦召至方丈，厉声曰：我巡堂，汝打睡，若道得即放过，道不得即趁下山。师随口答曰：铁牛无力懒耕田，带索和犁就雪眠。大地白银都盖覆，德山无处下金鞭。钦曰：好个铁牛也。因以为号。

但石霜会中，二十年间，学众多有"常坐不卧，屹若株杌"。天下谓之枯木众。亦非独谓睡方是道也。玄沙见亡僧谓众曰："亡僧面前，正是触目菩提，万里神光顶后相。学者多溟涬其语。"复有偈曰："万里神光顶后相，没顶之时何处望？事已成，意亦休！此个来踪触处周，智者撩着便提取，莫待须臾失却头。"此之所举，须切实参究，不可草草，落在断常二见。至若禅门之禅定，《六祖坛经》、诸祖语录，言之甚众，文繁不引，且录南泉语，以殿其后。

据说十地菩萨，住"首楞严"三昧，得诸佛秘密法藏，自然得一切禅定解脱，神通妙用，至一切世界，普现色身，或示现成等正觉，转大法轮，入涅槃；使无量入毛孔，演一句经，无量劫其义不尽。教化无量千亿众生，得无生忍，尚唤作所知愚，极微细所知愚，与道全乖。大难！大难！珍重。

《金刚经》云："我所说法，如筏喻者；法尚应舍，何况非法。"然则上来所述种种，皆作梦语观可也。若有作实法会取，即化醍醐成毒药，言者无心，听者受过矣。

（摘自《禅海蠡测》）

禅净双修调和论

盐亭老人门人南怀瑾先生著

禅净双修，自宋时永明寿禅师提持以来，由来久矣。及禅门衰落后，用"念佛是谁"话头，天下丛林，入此话中，终至滞壳迷封者，如麻如粟，于是使参话头者，如念佛号；持名念佛者，亦有如参话头。虽使二者合流，别创一格，参究不通，可以往生，免至流落娑婆，永沉苦海。然禅门参究之旨与方法，势将永沦丧失矣（参看"参话头"篇）。今专言调和之修法。先当明夫《楞严经》中《大势至菩萨念佛圆通章》。节云：

（一）彼佛教我，念佛三昧。譬如有人，一专为忆，一人专忘。如是二人，若逢不逢，或见非见。二人相忆，二忆念深。如是乃至从生至生，同于形影，不相乖异。十方如来，怜念众生，如母忆子。若子逃逝，虽忆何为。子若忆母，如母忆时，母子历生，不相违远。若众生心，忆佛念佛，现前当来，必定见佛，去佛不远，不假方便，自得心开。如染香人，身有香气，此则名曰香光庄严。（二）我本因地，以念佛心，入无生忍。今于此界，摄念佛人，归于净土。（三）佛问圆通，我无选择。都摄六根，净念相继，得三摩地，斯为第一。

本章此节，试分作三段：第一段，说念佛入门之方法。第二段，说念佛之成果。第三段，说念佛最高方法，净念与净土之关系。必先解决此三前提，而后禅净双修之事与理，于以完备。

第一，方法：分念与忆之二途，皆为定止之学。念又分为持名与默念二门。先说念法：（一）十方如来之与众生，皆具有"无缘慈"、"同体悲"之忆念，非独阿弥陀为如此。今简极乐净土一尊而言，以符净土宗之旨。修习净土行者，此心执持阿弥陀佛名号，出声念之，耳返闻闻其声，眼返观观此念，得使念念不间断，视而不见，听而不闻，一切言语动作，皆了不相关，如死如痴，专此一念。（二）念得专一，用功既久，此心念佛之一念，默然在心，虽不着意起念，而自然在念。到得此时，修学行人，往往心虽在念，六根缘外之境，仍可作为。如此佛亦在念，其他散心，亦可为用。自以为至于胜境，实则已成"老婆念"，不足论也。何以故？因此时在念佛之念，为独头意识发起作用。第六意识，仍然波动，有何用处！必须要将六根收摄，归此一念，意识不行，念方专一而得真纯，此为念佛法门之要髓也。如何称为忆佛？忆者，与念有别。念犹是粗，忆则为细。念是第六意识在用。忆则此之种子，已种于八识（阿赖耶）田中，根深柢固。故大势至菩萨，以母之忆子为喻。世人母之忆子，虽无口号心思，而此心耿耿，坐卧不安，片刻难忘。如儒家所谓："必有事焉！"诚敬之极也。忆之为象，菩萨已用善法言之矣。今复不惜眉毛，以众所习知之恶法为喻；此事必要如求名求利，念念孜孜，片刻不忘；乃至如男女恋爱，永绾相思之结，心心相印，灵感互通。如第六代达赖喇嘛之情歌云："入定修观法眼开，启求三宝降灵台；观中诸圣何曾见，不请情人却自来！"又云："静时修止动修观，历历情人挂眼前；肯把此心移学道，即生成佛有何难？"（民国廿八年四月载于《康导月刊》，前蒙藏委员曾缄译）若能如此如此，依法深入，则由念而入忆，即由粗而入细。如此久久，念忆工深，不必着力，自如有事拳拳服膺，若有物在心，团团不化。或在现在，或在未来，忽尔此忆之一念，顿时开发，如洞开无物。此心此身，脱焉如忘，所谓花开见佛，自然不假方便，常光互接，入于净土佛之心中。此中微妙，非言可诠，惟到时自知耳。若以散心念佛一声，或唯具一信愿深心，临终亦必可往生，惟品位有别耳。

第二，念佛成果，以净土为极则。净土亦分为二门：（一）唯心净土门。（二）实有净土门。皆为观慧之学。先释净土：土之与地，在理为表持种之义，在事为实质土地。净者，为对染说。粗则一切恶法，如贪瞋痴，人我是非之念（具如《百法明门论》所云），皆为染污之法；细则善见法执，亦为染法。如得至上节所述心开念寂，心身两忘，忘亦不立，空亦不见。无物无心，离诸二边对待之见。对待不立，绝待之体现前。了了分明，常寂圆明。到得此时，自己此心，合于如来藏体。唯心净土，不待他求。反观世间，犹如梦中事。即此秽土世界，亦立转成净，无一而不自在也。到得此时，此心净土现前，与十方如来接法性流矣。方能切实正知正见，西方极乐净土，亦同此性。且复知确有实在国土之存在。欲愿往生，即不移一步到西天，如壮士伸臂顷，即生彼土，与诸佛菩萨，同游寂止之门。不但往生可必，净土西方，亦可应念就我，因法本无来去也。

心体离念，为无生法忍，念佛入于佛心，相接合流，专一精诚，是谓因地。心开意解，一念不生，入无生忍。大势至菩萨，以此行门成就，复来此土，传兹胜法，摄一切众生，归于净土者，具如上述。

第三，最高净土方法。修习行人，到得此境，犹未为圆，必须不稍放逸，莫自得少为足。于一切时、一切处，收摄六根，不使外驰。保养前之净念，心心无间，长住净土之境。"一念万年，万年一念"，即为入净念之三摩地（大定）。故菩萨之于圆通法门，无有选择，而亦不必选择矣。

如净念现前，不加精进，如击石火，如闪电光，稍纵即逝，故曰：不放逸心所。精进无间，此之谓也。到得行满功圆，不修亦修，修亦不修，佛佛心同，了了无可说矣。

此义既明，参禅与念佛，何以能调和耶？若念佛人，持现前一念，往生净土，则念佛参禅，于此分途。若念佛与参禅，无论提一句话头，或持一句佛号，但于一念过去，后念未起，此之中间，一觑觑定，即二者同途，了无差别。所谓前念已灭，灭不追往，后念未生，未生不引，当前一念，既前不着边，后不落际，当下即空。此之境界（此无一空之境界，姑以境界名之），在净土为唯心净念之开端；在参禅为三际断空，明见此心之初曙。到此无论参禅或念佛，即心即佛之事理，于是可明。然尚未尽其妙。以佛具如来藏全体之大用，若止于此境，犹为小果所诠。参禅者，若以此为至，更无余事，无怪其不知如来藏中，妙有愿力之全体功能也。念佛者，止守此净心一念，不知如来藏中之大机大用，无怪其不识法界无边，头头是道。

虽然，一落言诠，法身亦堕，唠叨多嘴，不若珍惜眉毛。"尽回大地花千万，供养弥陀净土身！"我愿如斯，复何言已。

（摘自《禅海蠡测》）

观无量寿佛经大意

——净土修法入门

南怀瑾先生讲　李淑君记录

净土三经的高下

禅、唯识、净土

观想和念佛

大道废有仁义

净土三经的高下

一提到声震东方佛土的净土宗，我们马上就会想到名扬几千年来的阿弥陀佛，以及佛教徒们爱念的《阿弥陀经》。至于净土三经的其余二经——《无量寿经》、《观无量寿佛经》的光彩却似乎被《阿弥陀经》所掩盖。

同为释迦随缘敷演的经论，也有钟鼎山林之分！当然，除了一分奁不可测的运数之外，还有一些现实的客观因素。

《阿弥陀经》所举示的只一个"执持名号"，再加上"一心不乱"，临命终时就可乘风归去，飘向莲花池畔，徜徉在鸟语花香之间。这种言论，不但动听而且引人入胜。

至于早在曹魏时期传入的《无量寿经》，当然也包含了净土修持的无上法门，和《阿弥陀经》同样言简意赅。虽然它修持的重点同样是"执持名号"，但对于极乐世界的来龙去脉、风土人情还作了一番详尽的介绍，或许因此，在行持上反不如《阿弥陀经》予人以浓缩深刻的印象吧！

再看刘宋时代传入的《观无量寿佛经》，整本经的重点在于十六种观想法门，涵盖了大小二乘、显密双融的修持，堪称极乐要道。然而行行复行行的十六道门户，不免使人敬而远之。

于是，只靠一声阿弥陀佛便了事的《阿弥陀经》，就好像是一本万利的如意算盘而大受欢迎了。果然这把算盘比较灵光吗？且让我们从净土宗的兴衰概况看起。

唐宋以前大概经济思想尚未发达，修习净土的多半肯老老实实地做工夫，《观无量寿佛经》的十六种修观的方法，当然也是他们把本修行的拄杖，从《神僧传》《神尼传》《高僧传》以及其他史料中我们不难看出他们的虚心笃行。

或许是天道好还，或许是自求多福，他们的耕耘终于获得了成果。魏晋南北朝时期，不仅净土宗，其他各宗各派的修行人，即生证果的也都有相当可观的数字。

唐宋以后，美丽的禅宗大兴，人们好逸恶劳，禅宗里的口头禅日渐滋长，净土里的口头佛也逐渐蔓延。到了今天，阿弥陀佛的声威不仅时历千余年，而且广被海内外。"阿弥陀佛"四个字好像成了万灵丹。"只要念句佛号，罪业即可消掉，死后极乐报到。"本着这种观念，《阿弥陀经》大行其道，阿弥陀佛如果有灵，不知是喜是忧？

《阿弥陀经》真是把如意算盘吗？可以说是，也可以说不是。

当然，它所标举的方法非常简单，只要念"阿弥陀佛"就行了，但是要念到一心不乱，心心念念都挂着阿弥陀佛，念到茶里也是它，饭里也是它，这件事容易吗？我们不妨试一试，一试之下我们不难发现这颗心的交情之广，好客之深，心里杂念一波未平数波又起，要想"万缘放下，制心一处"，"万年一念，一念万年"地念着阿弥陀佛怎么做得到？

看来简单的《阿弥陀经》，修持起来竟然如此棘手。那就再看看《观无量寿佛经》吧！要用这颗杂念纷飞的心把虚无缥缈的极乐世界观想得"如于镜中，自见面像"，又怎么做得到呢？

许多人以为修"净土"只要有口无心地吟吟佛号就行，果真如此，《观无量寿佛经》的"十六观"这套复杂的修法就不会诞生，华严会上普贤菩萨也就不会引领大大小小数不尽的菩萨们回向净土，以为华严海会圆满的谢幕曲。由此可见这座世外桃源颇有一番道理。

禅、唯识、净土

这就牵涉到禅净双修以及唯识的问题了。在佛法修持中这是个非常重要的课题，将来再作专题讨论。目前只针对要点作概要性的介绍，以为修习净土的人们作个参考，并有所警觉。

既然我们想从这娑婆世界往生极乐净土，又想瞻仰阿弥陀佛的丰采，我们就必须知道什么是净土，什么是阿弥陀佛。有了正确的认识，修行起来才不致演出认贼作父的笑话，也才不会走错了路而入于魔道。就好比我们要寻找一位自幼失散的亲人，虽然难免记忆模糊，但是至少要有个大概的轮廓，否则茫茫人海中，何处觅得？这一步和禅有密切的关联，和禅宗里"念佛的是谁"、"生从何处来"、"死往何处去"、"主人公何在"等认识可以说是息息相关。所谓"不见本性，修行无益"，不但是禅门的圭臬，同样也是净土的准则。对这一层有所体认后，对修行的要领才能有所契入。功夫下了，也才不致像肉包子打狗，有去无回地没个消息。

其次，同样重要的，是必须对我们"日用而不知"的心有个进一步的了解。穿衣吃饭是这颗心，成佛作祖也是这颗心，它能下地狱，它能升天堂，它能出凡入圣，它能化腐朽为神奇。这一步除了禅理外，还必须深通唯识。虽说唯识是后期佛学，但它却是做工夫的绝妙指标，没有了它而想证果有成，真可说是难之又难了。因此，以无相为宗、无门为门的禅宗也要以《楞伽经》印心，当然净土宗同样也少不了唯识的助阵。

为什么唯识如此重要？简单说，佛法是要人成佛，至于人所以能够修成佛就在于人"心"即是佛"心"，而人所以不同于佛，也就在于"人心"有别于"佛心"。同样的心，为什么会有凡（人）圣（佛）的不同？怎么样才能超凡入圣，转人心为佛心？

唯识就针对这颗神秘的心作了种种现象、功用、实质、转化等多方面的精细探讨。

唯识把我们凡夫千变万化的心称为"识"，把"识"又分成八大类——眼、耳、鼻、舌、身、意、末那、阿赖耶等八识。至于如来那颗变而不变的心王则别称为般若，为菩提，为涅槃，又名"大圆镜智"。

譬如参禅的有时参到了无何有之乡，念佛的有时念到了一念不生，甚至佛号都提不起，观想的有时把佛像观得清清楚楚，乃至于观到佛即是我，我即是佛，尽管以上这种定境持续上好几天，甚至于吃饭、睡觉，都仍然处在这种定境中，但必须要知道工夫到了这一步，也还是没有脱离意识的圈子。

我们如何从这种意识的境界超越到本体的天地，如何再进而发挥它的功用，以至于旋乾转坤（学禅的与主人翁合而为一，修净土的立地证净）？有趣而耐人寻味的是这关键仍在于意识。"转其名而不转其实"（参考下节《观想和念佛》以及后面对"正受"之注解），就是六祖对转识成智这步神功所作的简单而又明了的注解。多少有志于此道的学者对着《六祖坛经》，都只注意到"菩提本无树，明镜亦非台"这些花边小语，至于工夫上的座右铭却往往一扫而过，真使人不禁有"曲高和寡"之叹了。

如果不通唯识的学理，不在意识上下番踏踏实实的静定工夫，则不仅大乘门中没有我们立足之地，就连小乘的成果也是可望而不可即的。

观想和念佛

非常简要地介绍过净土和禅宗、唯识的关联后，让我们看看《观无量寿佛经》的主旨。

净土三经中的其余二经都是以"执持名号"为主，也就是平常人所谓的"念佛"法门。至于这部《观无量寿佛经》则以"观想"佛像、佛土为入门法则，其实这也是一种"念佛"法门，但是一般人们对"念佛"、"观想"都没有透彻的了解，所以就莫名其妙地认为《阿弥陀经》的"念佛"简而易行，《观无量寿佛经》的"观想"繁而难入。

为什么"观想"也就是"念佛"？下面将就经文里的观想法门陆续加以解说。

这部经里介绍了十六种观想的方法，所以也有别称为《十六观经》。

提到"观"字常会被人误以为是用眼睛看，其实这里的观是指用心眼看，也就是在第六意识中呈现出影像。所以唐代以后在"观"字下加一个"想"字，就成了"观想"。

我们举个最浅近的例子，一个导演在安排一场戏剧之前，或者一个画家在挥毫一幅作品之前，脑海中已经浮现了一个意象、一种构想，这种情形可以说是一种最初步的观想境界。

通常我们只要一提到某位最钟意的电影明星，或者自己最怀念的亲人，脑海中即刻就会荡漾出他们的音容。但是，要我们观想菩萨们的慈颜，胸中却空空如也。

这是什么道理？一想之下，原来是从未见过菩萨的模样，难怪观想不出来了。这种唯物观点的论调当然也言之成理，不过佛法唯心的观点却不以为然。

佛法的唯心观不同于西洋哲学的唯心论：西洋唯心的心并未超越心理的意识，而他们所研究的心理范围，始终还在佛法的第六意识中打转转。譬如他们的潜意识、第六感都属于第六意识中的独影意识；至于最近"超心理学"的研究，也仍未脱离第六意识的范围，虽然偶尔碰到一点第八识的外围的外围，但他们还只在发现问题的阶段。至于发展成一套稍具系统的理论，则尚须长时间的努力。

至于佛法的唯心观则气象万千。誉满全球的六祖在彻悟之后曾说了几句话，我们姑且拿来做佛法唯心的简要说明。"何期自性本自具足，何期自性本无动摇，何期自性本不生灭，何期自性能生万法。"从这个观点看，佛法唯心的心涵盖了心理、物理，有如万化之总源。所以诸佛菩萨乃至诸佛世界原本都在我们心量当中，也都包含在我们自性的功能里。但是为什么我们睁开眼，看到的只是这娑婆世界的种种？闭起眼，又是乌漆一团？诸佛菩萨、清净国土的芳踪怎么丝毫不见呢？很简单，这就是"近朱者赤，近墨者黑"的道理（至于能近朱，能近墨，能赤能黑的并无动摇）。我们日常都把自性功能消耗在绵绵密密的尘劳妄想上，这股精力的投资又换回一串串的恶习。由于这些世间业气（业力习气）的混扰，诸如财、色、名、利等恶势力就把菩萨们挡驾到脑后。正所谓"举世皆从忙里老，几人肯向死前休"。只要我们心平气和，对自己谆谆善诱，从"少私寡欲"（戒）、"宁静致远"（定）上着手，这些迷途的羔羊终会良心发现，把菩萨请入中堂，而返璞归真（慧）。从此我们就可"随心所欲不逾矩"地来一番逍遥游了。

说到这里，我们可以归结出《阿弥陀经》《观无量寿佛经》所以要我们念佛号，或观佛像，无非是借此使我们心猿意马的第六意识（凡夫日常的心境）先做到制心一处，转成无分别的"妙观察智"。而后再把第六意识的根根——第七识（我执）转成"平等性智"。做到了这一步，才能谈得到入定。至于人我双亡，真净土的呈现则必须把第八识再转成"大圆镜智"了（概言之，戒是对前五识和第六意识而言，定则对第七识而言，慧则对第八识而言）。至于如何观想，如何转识成智，讲解经文时会再加叙述。

大道废有仁义

在进入经文前，还有一点值得一提的，就是释迦当时的时代背景，和孔子所处的春秋战国有许多雷同之处。从三藏十二部的记述中，我们可以看出不少印度当时"臣弑其君，子弑其父"的事例。对于这个时代问题，释迦和孔子不约而同地主张要以教化来对治，所不同的是释迦比孔子更重于人心的转化，而且对这万恶之源，也是众善之本的心作了一番更深入更彻底的探讨。因此佛家除了有五戒、十善等（相当于儒家的礼和人伦规范的礼仪）劝告，主要精神还是在于心地法门的揭示。为了了此心事，为了善用心力，不厌其详地演出天台止观、密宗观想、禅宗参禅、净土念佛等多门方便。这本经就从一个"子不子"的事端而引申到十六种观想的解脱法门。

说到这里，不期然又想起了老子的"大道废有仁义，慧智出有大伪，六亲不和有孝慈，国家昏乱有忠臣"，现在且看正文。

耆阇崛山也就是释迦拈花微笑的灵山，当时参加此盛会的除了常随众一千两百五十人以外，还有三万两千位菩萨，曾为七佛之师的文殊师利菩萨为此会的首座。

从释迦一向随机施教的教育态度看来，这部《观无量寿佛经》是以大乘为主。但是许多学佛的都往往把净土宗看成愚夫愚妇的玩意，真使人啼笑皆非。

据说有位诲人不倦的老师，别具只眼，多生以前就看上释迦，料准他异日必有所成，因此生生追随释迦的左右，专门和他作对，以"饿其体肤，劳其筋骨，苦其心志"。在释迦成佛的这一生，这位伟大的老师扮演了他的堂弟调达——提婆达多这个角色。

印度当时有个小国叫王舍，王舍国的一位太子阿阇世和调达私交甚笃。这位太子听了调达的唆使，把王舍国的国王频婆娑罗，也就是他自己的父亲幽禁在七重密室里，不准任何臣子前往探视。王后韦提希和国王二人伉俪情深，每次会面时先洗过澡，拿酥蜜和麨涂在身上，同时把葡萄汁藏在装饰品里偷偷带去给国王。国王吃饱后漱了口，感慨万千地向着耆阇崛山，对世尊遥致礼敬："世尊，您那神通第一的徒弟大目犍连是我的亲戚，请您让他发发慈悲，来传我八关斋戒。"

目犍连即时运展了神足通，一眨眼工夫就到了国王的禁室，传授八关斋戒，释迦同时派遣富楼那为国王说法，如此经过了三个星期，国王吃了麨蜜，又听了难得一闻的佛法，因此气色和润，精神舒畅。

过了些时，阿阇世王问看门的侍卫："父王现在还活着吗？"侍卫说："王太后身涂麨蜜，璎珞盛浆，供上王食用。目连、富楼那从空而降为王说法，我们无法阻挡。"

阿阇世一听大怒："母亲竟与贼王为伍，当然也是贼党。沙门更是可恶，幻惑咒术使此恶王多日不死。"于是拔剑而起，想杀害他的母亲，此时幸而有月光和耆婆两位聪明多智的臣子同时对王作礼："大王，我看婆罗门教的《毗陀论经》上记载，从劫初以来许多恶王为了贪求国位，杀害了自己的父王，这种事例有一万八千多件。却从

来没听说过无道而杀害了自己的母亲。大王如今要做这种
伤天害理之事，是粗暴贱民的行为，有损我们贵族名声，
臣等实在不忍预闻，我们只好就此求去了。"两位大臣说
罢，以手按剑行礼而退。阿阇世惊怖惶惧地对耆婆说：
"你不顾我了吗？"耆婆说："大王，千万不要杀害您的母
亲。"阿阇世听了，即刻忏悔求援，收起宝剑，不再杀害
他的母亲。对内宫下令："将王太后闭置深宫，不准
出来。"

韦提希被关在深宫，满心忧愁，形神憔悴地向耆阇崛
山对佛作礼："如来世尊，从前每逢我烦忧时，您总是差
遣阿难来慰问我，如今我遭此厄难，无法亲见您的德容，
希望您能派遣目连和阿难来看看我。"祝祷完毕，泪下如
雨，遥遥向佛作礼。头还没抬起，世尊在耆阇崛山已经知
道了韦提希所动的心念，即时差遣大目犍连和阿难乘空而
往。释迦也同时从耆阇崛山消逝，出现于深宫中。

韦提希礼拜完毕抬起头，看见世尊释迦牟尼佛坐在百
宝莲花上，身放紫金色光，目连侍于左，阿难侍于右；释
梵护世诸天在虚空中普雨天花以为供养。韦提希一见世尊
就取下宝珠等装饰，五体投地悲泣道："世尊，我前世造
了什么罪业，生下了这么个不肖的儿子！世尊，又为什么
因缘竟和提婆达多牵扯上关系？希望世尊为我解说消除烦
恼的大道，我如今只想求道，再不稀罕这阎浮提浊恶世界
的一切虚荣。在这世界上，到处充满了地狱、饿鬼、畜生
等不善之类的行为，但愿我未来听不到恶声，看不到恶
人。我现在向您顶礼，衷心忏悔，希望您能让我看到清净

佛土。"

世尊从眉间放出金色光辉，普照十方无量世界，而后金光返至佛顶，化为金台，广大如须弥山，十方诸佛净妙国土都普遍呈现其中。

眉间放光属报身神通；头顶放光属法身神通；唇嘴放光属化身神通。

从眉间放光还至头顶，这是工夫境界，也可以说是自性功能；就密意而言，这些神通是生理功能的发挥，只要我们身上的业力转化，就可变化自如。中国的道家也早有"人身为一小宇宙"的看法。

现在让我们浏览一下由释迦心力的感召，在他身上所呈现出各方善行所造成的佛国世界。

有些佛国一眼望去全是琉璃珠宝，有些佛国是漫无边际的莲花，有些佛国清华绝伦有如自在天宫，有些佛国就像面光滑的镜子，十方清净国土都在其中呈现，如此无数无尽的庄严佛国都清晰地显现。

韦提希——观览之后对佛说："世尊，这些佛国虽然处处都清净光明，我却最钟意于阿弥陀佛的极乐世界，希望世尊能教我如何思惟修持，如何得到正受，以便往生净土。"

"思惟"在禅宗而言就是"参"，参究无明烦恼、妄想杂念自何方来？往何处去？除去这些绵绵密密的杂思乱想，我到底是个什么东西？"动念"和"无念"之间那恒常不变的"佛性"、"真心"在哪里？在我们身上？还是在我们心里？如何悟入？如何保持？这一点在前面"禅、唯识、净土"一节里也曾约略提到，至于详情以后将另作专题讨论。

总之，般若智慧即由思惟修持而来。

"思惟"在净土宗而言就是"念佛"。表面看来，念佛和禅宗的思惟似乎是两回事，因此数不清的净土行者都以为一心一意地念着佛，把佛念来了，往生净土就算了事。殊不知把佛念到了眼前，佛还是佛，我还是我。殊不知往生极乐固是"往生"，往生娑婆不一样是"往生"？殊不知往生琉璃宫殿后还有一段大事因缘。这一段和禅宗乃至其他各宗的最终极旨可说毫无二致，究竟是什么？讲到第十四观"上品上生"时，经文中会有明白的揭示。

和"思惟"（慧）同样重要的是"正受"（定）。梵文译音为三昧。也就是禅定的意思。《观经·玄义分》曰："言正受者，想心都息，缘虑并亡，三昧相应，名为正受。"一般人依文解意，提到入定，就想到不吃不喝，一闭眼再一睁眼就已物换星移，春去多时了。再加上佛法中常有"去妄想""四大皆空"等说法，于是许多学佛打坐的上了座就有意无意地想求一个"空"，在心境上又加（求空）又减（息念）地乱忙一通，忙了半天结果是"修道者如牛毛，成道者如麟角"。让我们看看《大乘义章·十三》对禅定（正受）如何解释："离于邪乱故说为正，纳法称受。"这可以说是对禅定的一个很好的说明。所谓"离于邪乱"，说通俗点，就是清明、纯净；"纳法"的"法"则包括了世间、出世间的一切理、一切事。

由此我们可知"禅定"（正受），不一定是"耽空住寂"，也不一定是空空洞洞的什么都不知道。只要"离于邪乱"，"物来则应，过去不留"，则不论上座用功，或日常处事，都算是处在定中。

关于这点，我们还可以参考唯识上特别提出的"五遍行"——作意、触、受、想、思。这五种心的作用在任何时间、任何地点都永远存在。或许有人会说瞎子对光线没有感"受"，但是他眼前黑洞洞的就是"受"；至于神经麻痹的人，他那麻痹的部分也多少有点麻木的"受"。入了定则有所谓百千三昧，也就是有成千成百各种不同的定境（正受）。除了"受"，其他四种心的作用都存在各种凡圣的境界。但是一般学佛的通常都以为作意、触、受、想、思这五种心的作用只是凡夫的妄想境界，殊不知成了佛的般若境界仍不离这"作意、触、受、想、思"。至于从凡夫修炼成佛陀的凭借也不外就是"作意、触、受、想、思"这五遍行。那么历尽千辛万苦成了佛和芸芸众生之间有什么不同？日常修行用功和任意浮沉又有什么不同？这是修行用功非常重要的一个观念问题。认清楚了，"郁郁黄花无非般若，青青翠竹悉是法身"，行、住、坐、卧都是修行；认不清的话，虽然念佛、打坐，也只是妄想。

我的禅宗心法老师袁先生曾说了一句名言："知妄想为空，妄想即是般若。执般若为有，般若即是妄想。"换言之，如果能做得了身、心的主；遇到事情该提起时就提得起（用），该放下时就放得下（空），这就是境界般若（物来则应，过去不留）。否则，像我们平常，头痛不能叫它不痛，腰酸了不能叫它不酸。不但做不了身子的主，连自己的心念都管不住。经常胡思乱想，甚至不知到底想些什么，知道了乱想的无谓，却怎么也停不住。许多损人不利己的事就这么糊里糊涂地做了出来，因此"至可怜悯者也众生"——就成了释迦的口头语。

其实，凡圣所不同的就在于前者迷糊而随境流转，后者清明而超然物外。中国道家说了句很美的话"神仙无别法，只生欢喜不生愁"，和佛家的正受可以说有异曲同工的会意之妙。

这么看来成佛岂不太寻常？的确，平常心就是道，最平凡的也就是最不平凡的。如今要这群念念在"不平凡"上打转的我们，收回"放心"，归真返璞地做到"和光同尘"的平凡境界，真是谈何容易！因此古人有云："成佛作祖乃大丈夫行径，非帝王将相之所能为。"于是佛家就为此提出了种种修行法门，诸如念佛、止观、参禅、观想等等。

懂得了这层道理，学佛修道的行者无论在日用行事或上座用功时，才知道如何心平气和地陶化这颗野马尘埃之心。久而久之，他们自会"无事不登三宝殿"。再度出现时却是"水月道场，空花梵行"的另一番景象了。

韦提希一语问出三藏十二部的重心所在——"思惟""正受"，世尊不禁破颜微笑，即时从口中放出五色宝光，洒照到频婆娑罗王的头顶。

这才是真正的灌顶，记得引导我学禅的大师袁先生曾说："诸佛菩萨随时都在给我灌顶，我也时时给他们灌顶。"不明理的人听了不是以疯狂视之，就是迷信地想入非非。其实这是功夫境界，本身自性放出的光和如来的光，光光相照，不就是互相灌顶吗？

这个时候，大王虽然被幽闭在禁室里，"心眼"却无障碍，遥遥地望见世尊，五体投地施以礼拜。见地、功夫自然增进，立刻修成了阿那含，进入了初禅之门。

平常打坐时心里风起云涌的妄想，乃至于妄想不起了，心里还有一个"空"的"念头"，这都属于"心障"。

至于眼前黑洞洞的一片无明，就是"眼障"的缘故，如果用功到忘身，而进入非肉眼所见的清净无边之境，就是眼无障的一端。

我们所以不能成道，就因为心、眼有障，如果心、眼障消就能见佛，也可以说是初入明心见性之门了。

这时候世尊又对韦提希说："你知道吗？阿弥陀佛离此不远。"

《阿弥陀经》上却说："从是西方，过十万亿佛土有世界名曰极乐，其土有佛号阿弥陀。"

这两种说法哪一种才对呢？对我们这群凡夫俗子而言，阿弥陀佛无疑是远在天边。有朝一日乘上人造卫星，来个太空漫游，也不见得能找到这西天的乐园。那么世尊何以又对韦提希说"阿弥陀佛离此不远"？这和某些宗教所说"道在我们心里"是同一个口吻，也就是"道不远人，人自远道"的意思，只要我们心地上是一片净土，阿弥陀佛自然显现。要怎样心地才会是一片净土呢？这就必须要修持净业了。

接着又说："你现在留心看看'净业'修成，生于彼岸的人们具备了些什么条件，我概略地为你介绍一下，也好让后世想往生极乐的人们有个典范。"

通常我们一看到有人做了桩坏事，就会脱口而出："造业！造业！"学佛之后，看到某人不太顺眼，"业力深重"这顶帽子就送了出去。

其实学佛的也个个在造业，阿弥陀佛如果不是"业力深重"，西方乐园就不会出现。这话怎么说呢？

我们再看看六祖——"众生无边誓愿度，烦恼无尽誓愿断，法门无量誓愿学，佛道无上誓愿成"。这四弘誓愿不也是一股强烈的业力？

其实"业"也就相当于事业之业，善的是善业，恶的是恶业；造业并不一定是"造孽"。人们不造善业就不可能成佛，成了佛不造善业就不可能普度众生。

法藏比丘以一国王之尊，抛却了荣华，离弃了富贵，动心忍性地行人所不能行，忍人所不能忍。达到了"为天地立心"这至高无上的成就之后，又流露出"为生民立命，为万世开太平"的伟大精神；立下四十八条大愿，为受苦受难的人们创建了一处非言语所能尽其美妙的乐园——极乐世界，广揽天下同好，无条件供应各人精神或物质方面最美好的需求。我们不得不承认这是一项丰功伟"业"。

这座乐园的大门永远是敞开的,只要我们"净业有成",这片净土即可呼之而来。

"净业"到底是什么呢?

释迦说:"要想往生,必须修行'三福'。首先要孝顺父母,尊敬师长,慈心不杀,行持十善业。"

俗语说:"万恶淫为首,众善孝为先。"这是中国文化的基本精神,而释迦举示学佛净业的第一步恰好也是"孝、敬",由于这个基础观念的相同,因此佛教进入中国,一拍即合地融入大汉文化,而后再放射出中国佛教的绚丽光彩。

至于后世理学家攻击佛教的首项罪状"无父无君",则不免使人有哭笑不得之感。

其次,要受持三皈——皈依佛、皈依法、皈依僧,具足众戒,不犯威仪。

"戒"相当于中国《礼记》中的"礼";佛家分划得更详尽,依各人修持程度而渐次分为五戒、沙弥(尼)戒、比丘(尼)戒、菩萨戒等。

威仪则相当于中国仪礼之仪。

最后,要发菩提心,深信因果,读诵大乘,劝进行者。

在佛教界里我们经常听到"发心"这字眼，"发心"成为布施行善的代名词。其实"发心"的正宗意义是"发菩提心"，也就是"发道心"的意思，除了自己的明心见性外，还希望并帮助每个人都求得无上大道而自在逍遥。讲得明白点，我们可以说它是"自度度他"、"悲智双运"的大道。这是佛法的中心所在，也是佛法追求的目标。

至于大小乘佛法的理论基础则建立于三世因果、六道轮回上；儒道两家也有这种观念，所不同的是儒家的三世乃谓"祖父、父亲、儿子"这层人世间的三世关系而言，如《易经》上所说"积善之家必有余庆，积不善之家必有余殃"。而佛道两家则更彻底地探究到每一个生命的过去（前生）、现在（今生）、未来（来生）这一层的三世因果关系。

上面所讲的三件事就叫做"净业"，它们是过去、未来、现在三世诸佛净业成就的主要原因。

如果我们说得广泛些，一切修行的法门都包括在净业当中，而净业也可以说是学佛的目的。虽说佛门是片智慧的园地，但修行福德也是不可缺少的一环。修福所以重要，除了"普度众生"这个原因外，"福"、"智"二者相辅相成也是个重要因素。多一分智慧自然会多行一分善事，多增一分福德；多行一分善事，多增一分福德，也自然会多增一分智慧。道家对此有相同观点，于是有修满若干功德才能成某种仙的说法。

因此，如果我们见地、功夫尚未纯熟，则不仅代表我们智慧资粮的欠缺，同时也代表我们福德资粮的不足。有鉴于此，我们应当力求忏悔，在"正心、诚意、修身、助人"上多多努力。

  释迦接着对阿难及韦提希说："你们注意用心听，我现在为未来一切烦恼众生讲说清净业。韦提希问得真好，阿难，你要把这些道理记住，并照着去做，将来好为众生宣扬这修行要门。我现在教韦提希及未来一切众生，看到西方极乐世界，因佛力的帮助，就好像照镜子一样清晰。看到那里种种极其美妙的乐事，心中自然充满欢喜，即时悟到无生法忍，而切断妄念。你目前只是个凡夫，心里掺杂了种种杂恶的想头、习气，因此无法得到天眼通，不能随意看到想看的东西。诸佛如来经过修持，有特殊的能力，所以能够使你一饱眼福。"

  韦提希就问："世尊，如今我因佛力的加持，看到了净土；但是如果您过世以后，那许多浊恶不善，受到八苦煎熬的众生们，要怎么样才能见到阿弥陀佛的极乐世界？"

  释迦说："你和其他众生都应当专心系念一处地想着西方净土。"

  "专心系念一处"是修行做工夫的绝对指标。但这"一处"却不是指某一固定处所，许多传授观想的都教人们把明点或其他佛像观想在身上的某一部位，或者观想在头顶上的虚空。这种初步的办法不能算错，但却只适合某一部分人；因为各人生理、心理禀赋的不同，所以观想处所的部位也不同。

普通人的观想，固然要专心系念于所观想之处，但这一处却不要摆在身内，也不要摆在身外。譬如观想菩萨，只要意境上维系着菩萨的影像就好，不要有意地把菩萨观想在什么部位。

现在释迦要我们观想西方极乐世界，对这未谋一面的乐园，我们从何想起呢？让我们看看释迦作何说法。

众生们差不多个个都有眼睛，也都看过太阳，所以第一步释迦要我们端身向西正坐，留心观想一颗像悬鼓般将要下山的太阳，使心念就定在这影像上。在观想这颗太阳的同时，难免心里还有其他杂念出现，不要介意，也不要理会，只要尽可能使太阳的影像存留在心念上就好。久而久之，杂想越来越少，太阳影像就越来越清楚。最后不论开眼闭眼，这颗太阳都清清楚楚地呈现在心中。这就叫做"日想"，也就是"初观"。

意念中的"日轮"生起后，就观想而言只是"生起次第"，到这一步，还必须再把"日轮"乃至整个身、心都空掉，才算进入"圆满次第"。初观成就了以后，下面的观想就都轻而易举了。

看到这净土法门的第一关，我们可以一提戒律禁严的律宗。律宗的首要宗旨，在于断除财、色、名、食、睡等五种恶习。在对治"睡欲"的戒律中很巧的，有一条是睡前必须谛观日轮，进一步再使这颗日轮始终保持在睡梦中。这步功夫纯熟了，睡觉时就头脑清晰，不再迷迷糊糊地乱动念头，如此，

观无量寿佛经大意

时间虽短，却能得到充分的休息。

至于密宗，有部大日如来的经典，所传述的修法也是以"观日"法门的原理为主，配合性相的学理，再糅合一些当时印度的类似法门而成。除此，密宗还有"修明点"的方法。道家也有久视太阳的诀窍。

但是我们都很熟悉《金刚经》上的一句话："凡所有相，皆是虚妄。"修道不是要去妄想的吗？

何以各宗各派都不约而同地提出了这种"看光"的修持？因为借着"日轮""明点"的一点幻光，观久了，定住之后，就会引发出我们本性的光明。到了这一地步，我们会觉得和光（非日、月等世间的光明）打成一片，"光即是我，我即是光"。

此时虽然我们和自性光明融为一体，但要明白这片光明仍是一种现状，是本性功能的一端，如果以为这样就算见到了我们圆明清净的自性，那才是大无明（无明如果就"事"而言：闭起眼睛黑洞洞的看不见东西；墙壁一挡，又看不见后面的东西。就"理"而言：凡是没有悟道，没有证觉菩提就叫无明）。

在进入经文"第二观"之前，有一点要特别提起大家注意的，修习观想的过程中常会有"眼通"的现象发生。初期还不是真神通，虽然有时能正确地预先见到将来的事情，也能清楚看到好久以前的故事，但这只是气脉将通未通前在视觉方面所引发的特殊功能。如果沉湎在这一步境界，玩弄起这种小眼通，当然就无法"专心系念一处"地继续用功，无上道果又怎么可能求得？因此，修观想的用功到这一步，切要注意，

065

必须戒除眼通，把眼前影像空掉。如果最初没有办法把眼前的影像空掉，最起码必须守住"视若未睹"、"置之不理"的原则。久而久之，幻相就会随我们的心意而不见踪迹。至于参禅的有所谓"佛来打佛，魔来打魔"，虽然不限于这层道理，但是和这个道理也有关系。

　　"日想"的初观成就之后，下一步——第二观是"水想"，第三观是"地想"，第四观是"树想"，第五观是"八功德水想"，第六观是"总观想"，第七观是"华座想"，第八观是"像想"，第九观是"遍观一切色身相"，第十观是"观观世音菩萨真实色身相"，第十一观是"观大势至色身相"，第十二观是"普观想"，第十三观是"杂想观"，第十四观是"上辈（品）生想"，第十五观是"中辈（品）生想"，第十六观是"下辈（品）生想"。

　　只要"初观"成就了，下面的这些观想很容易就都能修成，因此细节不再多叙（可参考原文，并加智慧理解）。现在只就几个重要的概念做个补充性的解说。

　　第八观里有段经文：

　　　　诸佛如来是法界身，入一切众生心想中。是故汝等心想佛时，是心即是三十二相，八十随形好。是心作佛，是心是佛。诸佛正遍知海从心想生，是故应当一心系念，谛观彼佛，多陀阿伽度，阿罗诃，三藐三佛陀。

这段话对那些以禅理标榜而藐视净土为迷信的人们，真可说是一记当头棒喝。盲目念佛而诬蔑禅宗为狂妄的人们，看了这些道理也该清醒清醒了。现在让我们对这段话再作稍微详细的讨论。

> 诸佛如来是法界身，入一切众生心想中。

法界身也就是法身，它无形无状，很难用文词解说明白，我们可以勉强说它"放之则弥六合"——扩充而言，它涵盖了整个宇宙；"卷之则藏于密"——缩小而言，它就蕴藏在我们的心中。所以，"诸佛如来是法界身，入一切众生心想中"，也可以说是"众生皆有佛性"的另一个说法。我们由此对"信佛""学佛""念佛""成佛"的意义应该可以有更确切的领会了。

对于这一点，下面还有更进一步的说明。

> 是故汝等心想佛时，是心即是三十二相，八十随形好。是心作佛，是心是佛。诸佛正遍知海从心想生，是故应当一心系念，谛观彼佛。

"心、佛、众生"三无差别的精神在这段话里透露得清清楚楚，明明白白。净土和禅的差别在哪里？很明显地，释迦对净土"念佛"法门的指示，是要我们"心想佛"、"一心系念，谛观彼佛"。一般修习净土非常用功的人们嘴上常挂着佛号，固然是很可喜的现象，但是必须切实检点一番，念佛时这颗心有没有和佛相应，"心"里是不是真"想"着佛？是不是有如"历历情人挂眼前"般"一心系念"地有个佛的影子？如果不是这么回事的话，那么"是心"没有"作佛"，"是心"不"是佛"，阿弥陀佛不会现前，极乐世界永远在那遥远的西天。

要想"是心作佛"、"是心是佛"，登上如来宝座，那么就照经上所说"一心系念，谛观彼佛"就行了吗？

绝对不行，"一心系念，谛观彼佛"只是修"定"的要门。而佛法讲求的是"定慧等持"，这"慧"力要如何修持呢？除了参研佛理外，还要靠善心、福德来培养。如果善心、福德不够，就好比提炼的火候不够，业力、习气就无法彻底转化。如此不仅慧力不够精深，定力也无法稳固。

这也就是释迦何以呵责小乘为焦芽败种的道理。因此，修成小乘极果——大阿罗汉后，经历了八万四千大劫还得再回心向大，发起大乘入世之心，"苦其心志，劳其筋骨，饿其体肤"而后才能进入"不生不灭"的如来之门。

所以，第十四观里说到"上品上生"必须发三种心——至诚心、深心、回向发愿心。也就是要"慈心不杀，具诸戒行；读诵大乘方等经典；修行六念（念佛、念法、念僧、念戒、念施、念天）；回向发愿（利世救人），愿生彼国"。

"具此功德，一日乃至七日，即得往生。"往生成就后，就了事了吗？往生成就还只刚刚入门，入门之后还有一段大事因缘。且看经文：

　　生彼国已，见佛色身，众相具足，见诸菩萨，色相具足，光明宝林，演说妙法。闻已，即悟"无生法忍"，经须史间，历事诸佛，遍十方界，于诸佛前，次第受记，还至本国得"无量百千陀罗尼门"是名上品上生者。

这才是佛法的中心所在，净土到此大致相当于禅宗所谓"一悟千悟百悟"的大彻大悟。

至于密宗修观想的朋友，对此也必须特别注意，佛像观想成就了，千万不可画地自限，得少为足。虽然观想成就了，但是和佛法的中心可以说是两回事。还必须百尺竿头更进一步，如果没有悟入"无生法忍"，没有得到"无量百千陀罗尼门"，那么始终还是佛门的门外汉，一切佛像、圣境也还只是妄想。

随兴说到这里，大致可以对佛法"万法归宗"的宏伟气象有个概略的交代。《观无量寿佛经》虽说是净土法门的揭示，相信对学禅、学密的人们也可以有所助益。

（一九七四年讲于台北奇岩精舍
摘自《人文世界》杂志第四卷第三期）

禅观研究三讲

南怀瑾先生讲授　释明光记辑

静坐姿势——七支坐法

一、静坐与七支坐法

定力的修持为成就一切事业的基础。依佛法来说，习定是内学外学的共法。修定的工夫则须由禅定的修习中获得，而所有禅定的法门当先从静坐入门。

中国的佛、儒、道三家及印度的婆罗门、瑜伽等的静坐姿势，综合历来的相传，约有九十六种之多，其中包括各种姿势与方法。佛法通常采用的姿势以毗卢遮那佛的七支坐法为准则，又简称它为跏趺坐，俗名盘足坐法。

二、七支坐法的要点

所谓七支坐法，就是指肢体的七种要点，包括足、背脊、肩、手、头、眼、舌等七部位。

（一）双足跏趺（双盘足）。如果不能双盘，便用单盘。或把左足放在右足上面，叫作如意坐。或把右足放在左足上面，叫作金刚坐。开始习坐，单盘也不可能时，也可以把两腿交叉架住。

（二）背脊梁直竖。腰部自然挺立，胸部舒展，身体衰弱或有病的，初步不可太过拘泥直竖，更不可过分用力，功夫到了，自然挺直。

（三）左右两手环结在丹田（小腹之下）下面，自然平放于胯骨部分。两手心向上，把右手背平放在左手心上面，两个大拇指轻轻相拄，这叫作"结手印"，这种手势，也叫作三昧印（就是定印的意思）。若左手在右手上面，则称为弥陀印。

（四）左右两肩稍微平开，使其平整适度为止，不可过分沉肩弹背。

（五）头正，后脑稍微向后收正。前腭内收（不是低头），稍微压住颈部左右两条大动脉管的活动即可。

（六）眼正平视。上视易生散乱，仪态近傲慢，下视易生昏沉。双目微张，似闭还开。目光随意确定在座前三步或五步远处。但初步习坐者，以闭眼为宜，功夫到了自然成微张状。

（七）舌头微舐抵上腭（二门牙后），犹如还未生长牙齿婴儿酣睡时的状态。如有口水时，宜慢慢咽下。

三、静坐的环境与注意事项

（一）静坐时空气必须流通，但是不能让风直接吹到身上，以避免将来得风湿病。

（二）静坐时光线不能太暗，否则容易昏沉；光线也不能太强，否则容易散乱。

（三）气候凉冷的时候，要把两膝和后脑盖覆暖和，即使热天打坐，亦不可使膝盖裸露，不要在冷气房或电风扇下打坐。

（四）静坐的地方以干燥的石岩、木板或榻榻米（厚叠的草席）最佳，但仍须敷陈适度厚软的坐垫。

（五）初学静坐时，多半无法双盘，则以单盘为宜。单盘时臀部必须加坐垫。坐垫的高矮依各人身体状况而定，总以舒适为原则。如果坐垫太高或太矮，都会使神经紧张。坐垫的软硬程度也必须适中，否则影响静坐的心情与效果。

（六）凡在静坐时，最好微带笑容，因为人在笑时，神经自然会全部放松。

（七）初学静坐者，不可以吃过饱饭就打坐，以免消化不良。肚子饿时可以打坐，但过度饥饿时则不可，以免分散心神。

（八）初学静坐者，不要勉强坐太久。以时间短、次数多为原则。

（九）初学静坐者开始时，可以对着镜子调整自己的姿势，但不要望着镜子静修。坐好之后，上体缓缓向前俯曲，再恢复原姿，然后头部自然缓慢上下摆动，以正其身。

（十）去掉一切束缚，如手表、眼镜等物。

四、有关七支坐法的传说

根据佛经上的记载，这种七支坐法，早已失传，后来有五百罗汉，修持多年，始终不能入定。虽然知道从远古以来，便有这种静坐入定的坐姿，但始终不得要领。有一次，在雪山深处，他们发现一群猴子，利用这种方法坐禅。因此照样学习，便由此证道而得阿罗汉果。这个神话似的传说，相传已久，不必加以考证。总之，它是合于生物天然法则，那是毋庸置疑的。而且这种姿势，大体来说，很像胎儿在母胎中的姿势，安详而宁谧。

静坐的基本认识

修定的功夫从禅定中来，而禅定的修习以静坐为最基本，因此静坐的外形姿势为各种修持（佛道、外道）的共法。在许多静坐的姿势中又以七支坐法为最重要。一般我们看到的诸佛菩萨的坐像皆以此法为正位。除了明白外形姿势为各种修持的共法外，欲在修证上有所成就，仍然必须具备下列几点的基本认识：

一、必须懂得生理与医理

菩萨的证成必须习通五明。医方明就是其中之一。心物一元，身体不健康，欲修道证果是不可能的。譬如头痛，构成头痛的原因有很多，或由于眼、鼻、胃等引起，如果是胃不好，则吃胃药可以治好头痛。又如结手印，对生理会产生什么影响？根据物理，万物皆在放射，静坐时结三昧印，则人体神经左右放射能量相互回旋作用，自身即得阴阳交流，导致身体放射的能量减少，自然精神饱满。又如初习静坐者，开始结三昧印，亦有一旦功夫到了某一情况，自然变成三角形的生法宫，这是什么道理？因为人体生命的根元位于下部位（两睾丸后肛门前）的三角地带，密宗称三角形的图记为曼荼罗之一种，曼荼罗意译为道场。人体的生法宫虽然有很多处，但这三角地带的海底轮是很重要的一处。

以上这些问题都必须要懂得生理与医理才能了解。所以中国古典医学的《内经》以及《难经》，乃至现代生理学、解剖学、人体科学、人体光学、人体电学等都是修道之人所应知道的常识。

二、静坐姿势的巧妙运用

七支坐法为大家共同使用的方式，由于每个人生理构造的差异，因此在实际静坐的姿势上，可以坐姿、盘足与结手印等三方面作一适宜之调整。例如腿长宜坐双盘，左手长右手短宜结三昧印，右腿长左腿短则宜坐金刚坐。初习静坐者以单盘为宜，坐垫的高矮依各人身体状况而定，以舒适为原则。手印亦可依身材而定，但不可借物垫高或放低，手印本来有很多种不同形式。

三、正确静坐的结果

根据七支坐法，配合自己的身体构造，选择一种适合自己的静坐姿势，每天不断地修习，不多时日，自己感觉小腹充实，即俗称丹田之气饱满，神光焕发。由此至少可得祛病延寿的效果。如加以正确的禅定修持，精进不懈，自然呈现出慈悲喜舍的身心庄严之相。

修证与方法

一、修证的重要性

学佛贵在修证，佛法所包含的经、律、论三藏，都是说明修正自己如何超凡入圣之理。今处末法时代，修持的人，能够真正证果者的确很少，也可以说几乎没有。难道是诸佛菩萨所说有了差错？不然，佛是实语者、真语者、不诳语者、不异语者，相信如实依法修持，必得证成圣果。

二、修证之路

修证之路应该明白三件事：一为发心，上求佛道，下化众生，不证菩提，誓不成佛；二为明白成佛之道，首应对般若、唯识（法相）、中观有一清楚的认识；三为真修实证，依所知之理，确实修持，参访明师指导，直超菩提妙路。

基于上面两点理由，今年开设"成唯识论"、"禅观研究"两门课程，并且要求同学"写日记"，期望同学在修持之路上真能证成圣果。"禅观研究"课程内容分为三部分，先讲禅修之路，次讲禅修各行门，最后讲其他宗之行门。

三、修持要理——佛说制心一处、无事不办

做事求学做不好，都是由于不能制心一处。"制心一处"为显教、密教与外道修定之共法。如能制心一处，则能具有神通能力，但与佛法的解脱慧无关。念佛一心不乱的法门，也是制心一处的证成效果。

四、佛法的初基——诸行无常，是生灭法，生灭灭已，寂灭为乐

思想、念头为生灭法。如何做到念头不起，即为清净初基。念头不起，并非压制（如吓倒时），而是将心制在空明处。如是制心一处，功夫到了，自然气质变化，具有神通能力。但佛弟子不以神通迷惑人，如以神通迷惑人则犯菩萨戒，因为神通亦即妄念所发，通乃道之花，而非道之果，它是修行自然的附属品，不是主体。

五、禅、禅宗、禅学

近代许多人研究禅宗公案，将之作文学化、哲学化的分析研讨。如此并非是禅，勉强叫它为禅学。禅宗，不是学说，这是简单的逻辑。禅是讲实证的，"言语道断，心行处灭"。禅宗的初步行持法门，严格说来，也是依据"制心一处"之理，即使如顿悟禅，亦是如此。

六、十念法

大小乘经典里所论及各种修持法门，均不离十念法。所谓

十念法，即"念佛、念法、念僧、念戒、念施、念天、念安那般那（出入息）、念身、念休息、念死"。兹简述于下：

（一）念佛

念佛并非是拿着念珠，口里念念"阿弥陀佛"就是。如此说等于是毁谤佛法。要了解净土念佛的实义，必须先明白三经，即《阿弥陀经》、《观无量寿佛经》与《无量寿经》。如果加上《楞严经》里"大势至菩萨念佛圆通法门"、《普贤菩萨行愿品》与《大乘起信论》（有说《往生论》），合称为"五经一论"。是为净土宗念佛法门的理论基础。所谓念佛，简言之，即念念在佛的理、相、境界（即体、相、用）。凡夫念佛妄想杂多，真能做到净心念佛，则一念之间即可证到圣位。

（二）念法

法就是佛理。亦即大小乘经典所论的理。所谓念法，就是将佛所说的法，念念在心中，时时在参究，日日在行中。譬如常思惟三十七道品的四念处："念身，观身不净。念受，观受是苦。念心，观心无常。念法，观法无我。"思念《心经》的道理也是念法。试问，每天十五小时清醒着，是否念念在法？真修持的人每天二十四小时皆依法修持，在睡觉时，观想日轮于心中，仍然处在习定中，因此修持是相当严谨的。

（三）念僧

僧者乃僧伽也，即清净大海众之僧，所谓念僧，例如思念五百罗汉如何得到圣果。道济禅师（济公活佛）如何救世救人，或者以目犍连尊者、文殊菩萨、观世音菩萨等为榜样，效法修行，皆是念僧。

（四）念戒

戒为行为轨范，戒乃无上菩提之本，修持者于二六时中，应常思念己之身、口、意三行是否在轨范中。

（五）念施

所谓念施，就是念念在布施，包括生理的、心理的、精神的与物质的，即凡我们所有的都贡献舍出。大乘道上的布施，能够做到的无几，即如中国人常提到的"慷慨好义"，那也就是布施。但是一般人好义的有很多，而真能做到慷慨好义者没有几人。所谓的帮助，都是有条件的，或为名利。如果真能做到，即使身上只有一分钱、一碗饭，但只要出自真诚无条件的贡献，才是真念施的行为。而且虽然施舍贡献，而心无所恋，当下过去即空，才算是布施的道理。

（六）念天

三世因果与六道轮回，为佛教的基本理论。这是说明了人我生命过程的流转现象。自性本空，缘生缘灭。但不是《心经》所讲的"不生不灭，不垢不净"。我们所呈现的生死的过程，只是自己生命的分段现象，生命的起用而已，因此要回转本来，才是生命的真谛。天为六道之一，乃指人类地球之外其他世界的生命，即所谓的天人之际。至于天人的形貌是否与我们世界的众生相同，并不见得。密宗所表达的佛像是否就是天人，也很难说。但与最新的幻想科学观念很多是趣味相似。而现代的物理、太空与宇宙等科学观念也有许多是相近的。

因此今日的学佛已经不是停留在过去十九世纪的佛法与哲学的层面，已迈向佛学与科学结合的新趋势。所谓念天，从佛法的观点，人升天是不简单的，必须具备福德善根。其他宗教如基督教、伊斯兰教等所修持的是属于念天法门。至于他们所修持的究竟不究竟，则是宗教哲学理论、观念、思想问题。一般民间拜拜也是念天的法门，只是程度有差别而已。如果思想观念正确则是正教，错误则属于非正教。

（七）念安那般那（出入息）

天台宗讲究止观之法，即是从十念法中之安那般那入手。西藏密宗宗喀巴大师传与达赖、班禅以后所讲的止观法门，与天台宗，几乎是同一路线，也是从修安那般那出入息修法入门。念此法必须先知道吾身是由四大（地、水、火、风）和合而成。加上"空"大而构成了身体。加上"识"便成六大。再加上"觉"构成人体完整的七大。因此在肉体生命有了精神灵魂之作用，而有知觉、感觉纳受之作用。

静坐数息是从风大观入手。风大在人体里的作用，是由呼吸的往来。由呼吸入手的修持法门有很多，世界的显密各教，印度瑜珈、希腊、埃及和中国道家等所修的出入息等法，就有两百多种，实在很有趣。这也就包括现在流行的什么门、什么功等。

密宗黄教、天台止观之法，大致上，都是说明如何利用出入息而习定。例如天台宗的六妙门（小止观）也是念安那般那，由出入息入门。所谓六妙法门就是一数、二随、三止、四观、五还、六净。

七、结语

学佛重在修证，而修行之法不离十念法。十念法中又以念安那般那为各种修定法门（包括佛教的显教、密宗以及其他各宗与外道）通途之学。念安那般那为从身体四大之风大观之呼吸入门。天台宗止观的六妙法门（小止观）也是安那般那的一种。一变再变，又成为一般内功之根本。但它也是三乘得道的要径。因此修持六妙法门，一则自得证成圣果，一则可为度众生之方便，不可不知，不可不学。

六妙法门

禅修为渐修法门，一切佛法大小乘皆由渐修而来，所谓的顿悟法门也须由渐修而来。尤其在末法时期的众生，福薄智浅，更应该重视渐修法门。而渐修是由心地法门起，心法的修持可分为内外两部分，对外包括做人处世，对内属于心性涵养及如何变化气质，迈向菩提正道。因此，论修持除了于禅堂的静坐之外，更是要注意到为人处世方面，如果这些做不好，即使功夫到了，也是外道、魔境。

再说：大小乘的法门不离十念法，十念法中的念安那般那为一切修定法门之共法。而天台宗的六妙法门也是念安那般那的一种。同时也是修证菩提道果之简要法门。六妙法门包括一数、二随、三止、四观、五还、六净。

一、数

数息为六妙门之第一步。所谓息，即是一呼一吸之间，叫一息，也叫一念。数息就是听自己的呼吸，计算其次数。数息的目的在于去除妄想，因为凡夫一念之间具有八万四千烦恼，数息等于是打鱼拉网，慢慢收，心收拢之后，一到心无散乱时就不要数。如果再数，则是头上安头，多此一举。不用数之后即须随息，若强再计数，便是自增妄想。至于计数的方法，大致分为下例三种：

（一）由一数至十，再由十倒数至一，如此反复，做到呼吸时只有数字没有其他杂念（1、2、3……10、9、8……2、1……）。

（二）由一、二、三……按次计数下去，数到最后，这中间并没有杂念妄想，数字并没有差错，心念配合呼吸也就是初步的成功（1、2、3、4……99、100……）。

如果在数息中间，岔入其他妄想，又须再来从头数起。

（三）数息分两种，即数入与数出。数入乃按呼吸之吸时计数。数出乃按呼吸之呼时计数。体弱多病者宜修数入息。血气旺盛、欲望多者宜修数出息。

数的过程呼吸对于风大的感受分别为风→气→息三个层次。开始时，呼吸粗，称之为风；静定后，呼吸较细，称之为气；再进一步，身心宁静，只有感觉自己内在呼吸，却听不到呼吸声音，这就是息。到了息，就不要数了，即进入随。

静坐数息时，呼吸自然，身体要放软，不要练气功（此非佛法的心行法门），耳朵回转听自己呼吸。如在闹处修，听不到呼吸声，便用感觉来听。

此时至少有三处用心，一为感觉不好或好，二则听呼吸出入息，三于计数出入息时，须注意如有妄想则重新计数。因此一念之间，具有八万四千烦恼。此言不虚，例如拿笔写文章，半天未落笔前，不知多少念头妄想产生。然而一旦灵感来时，则运笔如神。光速尽管快，还是不如念速快。西方极乐净土，固然离我们那么遥远，但一念之间，屈伸臂顷，即到莲池。

庄子讲静坐，如表面像似静静地坐在那里，事实上，内部心念，在开运动会、讨论会，此即所谓"坐驰"。真正的禅定功夫，必须达于"坐忘"。即忘了身体，忘了一切，才是定。

数息过程中，身心会有变化，常会发现病症，这些疾病潜伏在体内，经由修持才发觉。数息功夫好，自然祛病延年，身心康乐。

二、随

数到了息就不要再数，于是进入随的情况。此时即如后世道家所说"心息相一"。心念与气息如同盐与面粉结合成一体。心念仿佛是探照灯，气息如飞机，飞机飞到哪里，探照灯就照到哪里。如庄子所说："真人之息于踵，众人之息于喉。"此时心息相依，气息一吸即到足，产生轻快之感，不想下座。但还未到禅定之境。即身上快感升起，对于发大财、做皇帝、男女之欲似乎已不再需求。然还未能达到如《楞严经》所描述的乐变化天对于男女性欲事"于横陈时，味如嚼蜡"之境也。

三、止

息灭之后即止，如密宗的宝瓶气。息也灭了，杂念也停了，称之为止。止通四禅、八定与九次第定。定于禅学里为共法，因此学佛的人，必须做到"外道会的我会，我会的外道不会"。如此才能方便度众。

此门修法可以祛病延年，此身虽为四大假相，但无它也不能证道。因此对四大的调和非常重要，如麦克风必须用电，才会产生扩大传声之作用。止为定之母，功夫到了止，下去就是四禅、八定与九次第定，则神通自然具有。因通由定发。但如《法华经》中所说"父母所生眼，悉见三千界"，《楞严经》

所说"静极光通达，寂照含虚空"，却不是少定小神通之境界。

四、观

观，即观察妄惑，达观真理。到了止，不修观，则与外道相同。佛法之异于外道者，在于般若慧。慧从何来？从起观与修观而得。如何起观与修观？必须研究慧学，如"唯识"学所讲述的，即属于最高智慧的观待道理和证成道理。

五、还

观之后为还，"还"就是回转之意。回转到法身、般若、解脱。法身，乃心念清净的属体。般若，是圆满无瑕的属相。解脱，为千百亿化身的属用。"法身、般若、解脱"三样平等具足，即称之为还。例如对人、对事、对物的执着，则非解脱。如白痴虽然形似解脱，但却绝无慧知。如非白痴，于得失、是非、人我之际，了无挂碍，如人辱我、欺我，不因此而生气，反生悯慈之心，即渐接近般若解脱、清净法身的境地。

六、净

还之后为净。此是真正的净土。即如净土宗的唯心净土，清净法身。以上六项，简略说明天台宗的六妙法门。

七、一念之间即具备六妙法门

若已做到了止观双运，定慧等持，则可一念之间具足六妙法门。止为定之母，定为止之果。观为慧之母，慧为观之果。六妙门中前三步，一数、二随、三止属于定学。后三步，四观、五还、六净，则属于慧学领域。

一般以为数息做好之后才随息，随息而后才止息。其实不然。如一上座，一念之间即同时具备数、随、止、观、还、净程序。望善自参证之。

六妙法门止观的认识与实践

六妙法门的实践，大多只从数息到随息，很少有人由此进入佛法的真定慧之境。可以说大家都在习练轻柔气功，绝少能超越心息相依的境界。

唯在随息的过程中，身心自然会发生许多变化，外呼吸（鼻）逐渐地微细，内呼吸（腹部）开始发生作用，一般称为丹田呼吸，最后，只剩下小腹部分呼吸，即一般人所谓的胎息。

此时将可以感受到气脉（包括任督等脉）流通的感受，由此而产生很多修气息的法门。因此可说大多修安那般那（出入息）法者，都为风大（气息）所困，感觉外呼吸几乎停止，只剩下腹部呼吸，此时身体上的感受很舒适，如喝了酒有少分醉意时一样，不想起座。但这一切仍然是困在色身"色蕴、受蕴"之中。

如进而到达真正的心息相依，那是没有呼吸，也无杂念，已经到了初步奢摩他止的境界。但须知到此仍然困受在"色蕴"范畴。如何由止进入到定慧，则是进一步应该认识的问题。

一、由止到定，定发神通，得定起观的认识

到了止，没有妄想杂念，则息灭念无，可能通达四禅八定、九次第定等层次。此时也许岔出许多神通异能，譬如入水不为水溺、在火不为火烧等事。但这些都因心不动念，直到心风偶然合一所发生的本能。

如在相似定中，感受到与太空融成一体，或者看到光明与其他异相，觉得很舒畅。但这一切包括相似神通在内的境界，也都是虚幻妄想所起，统属意识（独影境）及身识的变相。

《楞严经》说："内守幽闲，犹为法尘分别影事。"所谓法，包括一切思惟事物的理念。法尘，就是所思惟事或理的影像。影事，即如水中月、镜中之相，这是指修定的人，如果自己以为处在空灵的定中，但事实上，此定仍是潜意识所造成的，犹如误认水中月为真月，镜中之花影为真实，毕竟不能明心见性。

因此如修到止的层次，若只内守幽闲，满足于定中所显发的神通，仍属于外道境界，绝非究竟。必须继续修观，才能通达慧海。

一般说来，显教修观的方法很多，但以天台宗三止三观为最普遍。而密宗的观想，在理趣上与天台观法相同，但在实质上，却大有不同，兹分别叙述于下。

二、天台宗三观的理论与实践

天台宗所谓的观，就是寻、伺、观察、参究、思惟与觉观等意思。由止起观的目的，为通达明慧（般若），并进而回归清净本性，证成菩提。

密宗黄教宗喀巴大师所著的《菩提道次第广论》中的《奢摩他品》、《毗钵舍那品》，与智者大师《摩诃止观》中所述及修止修观的方法，理趣大同小异。天台宗三观，即所谓空、假、中三观。空、假、中三观程序，始于假观，经由空观，到达中观，最后完成智慧解脱。或由空观而缘起假观，归到中观而得般若法身。

（一）假观

所谓假观，即是思惟目前所达的止境，仍是一念所显，此念是假，当然这一止境也是不实。至于由止定中所显现的一切境界，也必然是假；包括悬空坐着、发光、动地等神通与觉受。因此不以现境为满足，不贪着此境，做到无所着处，即转入空观。

（二）空观

到了"空"境，则似无所着处，身心皆忘。所谓空观，即是观此"空"境，是否为无想定。若是无想定，则此定为意识所产生的断绝妄想。若不是无想定，则继续参究，是无心定还是有心定。但须知无心定，还不是禅宗六祖惠能所说"不思善，不思恶"的那个本来面目。因为只是不思善，不思恶，还是属于无想定，甚之完全入于无记的境界。

若着于空，不将空也舍掉，即此着于空的便是有，属于小乘法门。故应知道，此空也是假的，也是唯心所造，所以空也不应着。

（三）中观

所谓中观，并非思想一个"中"，如着一中的观念，即便落入边见，已不是中。中是不着有，亦不着空；世法不住，出世法也不住，即所谓性空缘起、缘起性空，非空非有、即空即有的实际理地。

证成空、假、中三观之后，亦有再修慧观之说，所谓慧观，就是证成中道义后之正思惟。因为智慧是由正思惟而来。所谓思惟，即是五遍行中的思。亦即谓之知，或谓之觉。明儒王阳明的良知、良能之说,是脱胎于天台止观而别成蹊径。但须知大小乘所有三藏经典,也都由此一正知正见的自证分而到达证成圣果。

三、密宗观想的理论与实践

观想为密宗修持法门之一种,其原理与天台宗三观略同。所谓观想,即是将意境上的影像投射在意根上,然后运用各种观想方法起观,逐渐配合身心的变化,而进入系心一缘的"止"境,由此而达成生起次第的成就(假观)。再次,进而舍去系心一缘的止境,完成圆满次第的行持(空观)。最后通达中观明慧,由此而证成菩提。观想方法也有八万四千种,其起用乃因人之根基而异。例如不净观、白骨观以及密宗各法门之观想,及净土宗念佛法门之观想等等。但观想之法,论其微细程序,应该说是先想后观。

概分而言,前者为想相,属于动态,较为粗略;后者为观用,属于静态,较为精细。

例如修持净土观想法门,先当想象阿弥陀佛三十二种庄严相、八十种随形好,然后依次按赞佛偈起观。

阿弥陀佛身金色　相好光明无等伦
白毫宛转五须弥　绀目澄清四大海
光中化佛无数亿　化菩萨众亦无边
四十八愿度众生　九品咸令登彼岸

观想清明,则妄念顿消,刹那净土即现。如果初学者观想不起,则可先学习另一种简要观想法。先观看某一明体(如水晶球、荷叶上的露珠、佛像额上明珠，或者太阳等），然后取该明体某一亮光点之映像而作系心一缘之用，依此摄想此亮光的影像常在意识里，即定住此一亮光点而不变不动，是为止境。但在止境中一样可以做事，因为止是属于意根，而做事则是分别心的意识之外用而已。不过，这样只是方便，并非"奢摩他"的正三昧。

二六时中，心系一缘的清明影像现前，是为得止。例如欠人钱，债主急着催讨，不论做何事，时时挂碍在心。又如谈恋爱，单相思时，茶里饭里都是她。再由得止而循序渐进，渐使身心的本能变化而到达定境。再进达于心风自在，则可由定发起神通。即也是因观想功能而生起心力的作用，故能化形转物。如于禅定中的道人，为避免人扰，乃化现老虎以吓访客。或于一念之间，呈现自身为光明透体等境界。

须知观想成就，还属于生起次第的作用，仍是假有。因此不以相似五通等意识境界为满足，不贪不着，进而达于圆满次第之空境。但须知此空如似无念，还是意识所呈现的清净现量，仍然是虚妄的，所以，空也不应执着。

既不住空，也不住有，继续参究，进而能体悟真空妙有，所谓"色不异空，空不异色，色即是空，空即是色"，这就是真正中观正见的成就。此时，可以做到提起便用、放下便休的真如境界，念念之间，净土现前。

四、结语

戒、定、慧三学，为学佛之通途，戒为无上菩提本，定、慧则是佛学之中心。天台宗六妙法门的实践，从数息入门，经由随息到达止境。但一般修持者，大都停留在练柔软气功，或者满足于止境中所产生的愉快与相似神通等阶段。事实上，这些仍然是属于身心的觉受，所谓神通异能，也只是外道而已。因此到了止，必须起观，才能真正进入佛法的定、慧里。

所谓观，就是参究、思惟的意思。修观的目的在于通达般若，证成菩提。修观的法门很多，以天台宗的三观为最普遍。密宗的观想，在理趣上与天台宗三观相同，所差异的只是入手方法而已。

天台宗三观包括假观、空观与中观。所谓假观，即是认知止境乃一念所成，而此念是假，因此止境中的一切觉受，甚之与所显发的神通，也是假的。所以不应贪着此假有，即进入空境，此时，毫无杂念，身心皆忘，仿佛与太虚融成一体。事实上这所谓空，仍是自己意识所造成的空，也是假的，因此不贪着此空境，这就是空观。

所谓中观，即是既不住有，也不住空，即空即有，非空非有，体证深入，自然通达般若，即显真空妙有，觉照无惑之境。

密宗的观想分为两个层次，即先经由想相，而后起观用。所谓想相，即摄受某一实体或明体之影像于意识根里，譬如于二六时中，念念不失佛的庄严相，或水晶球体反映之明点。或再运用各种观想方法，如不净观、白骨观、净土观等，配合身心自然变化，达成所谓生起次第的"假有"与圆满次第的"性空"。由此通达般若、真空妙有之境，原理上与天台三止三观相同。

学佛贵在修证，上面所说属于证成道理的一部分，除了必须配合观待道理的认识之外，更需要自己真修实证，才能圆证菩提。

念身法门的基本认识

念身为十念法之一种，为念安那般那（出入息）一法之后，修习禅观的重要法门。依佛教经论所教，念身又为"三十七菩提道品"中四念法之一部分。

三十七菩提道品，为大、小乘佛教的基本修持论典，其内容为有条理、有系统的说明修证菩提道的原则，包括理论与实际两部分。就整体而言，三十七菩提道品为一完整的修法，但却为一般人所忽略，认为徒是名言，无关重要。必须在大彻大悟之后，才能真正明白它的要义。

四念法为三十七菩提道品的根本基础。所谓四念法，即念身不净，念受是苦，念心无常，念法无我。

一、念受、念心、念法与念身

一般人，在生活里所遭遇到的病苦、烦恼，或者是吃不好、睡不足等，都是属于生理上或心理上的觉受。这是很明显浅近可知的。

在修持静坐中，有时候，思想部分比较宁静。而在感觉方面，觉知反而增强了。譬如，觉得自己打坐很舒服，已经进入了乐境，以为大有所得了。事实上，从心法的观点仔细参详，这种舒适的觉受，也与世俗各种苦、乐与不苦不乐等情况一样，都是苦果。只是由世俗感受上比较差别，把较为轻度的苦认为是乐。即使在静坐中，偶有片刻所产生的清明乐境，也是不究竟，仍然是自己意识所产生的幻象，而且，当打坐时，才有如此的觉受，没有打坐时，就没有这些觉受，简言之，"坐时有，不坐则无，是则非道，知非即应舍却"。因此，这一切的觉受，毕竟是苦。

至于受蕴中所产生的苦境，到底如何发生呢？它是由我们的妄识心所构成的，此妄识心，为第八阿赖耶识所显现，本因于众生无始以来的执着妄想。例如平时的思惟、分别，皆为此心的作用。因此，个个众生我执太重，再加上后天所受的学问与教育，更产生增上慢的心理。

念心无常，即是思念自己烦恼的根本，皆由于妄识心循声逐色于外尘，随境交转而起生灭，念念迁流，轮转不息，永无休止。所以，解决烦恼、无明之道，首先应息灭妄识心，进而破除我执。

念法无我，就是常常思念自己所学的一切知识都是如何修养自性，去除我执，而达到无我的境界。世界东西文化，每一种宗教与哲学的内涵，或者每一位圣贤的言行，莫不是教导我们如何做到"无我"。

然而，究竟有几人，真能做得到"无我"呢？所谓我，应该包括身、心两部分，因此，若不能先明白此身非我，并且证悟此身无我，自然不能做到真正的"无我"。

至于如何做到此身无我（即无身），这不是一件简单的事。譬如，天气转凉的时候，色身就会有寒冷的觉受，一点也空不掉，而且一不小心，也会发生感冒。因此，修持的过程，要做到无身，固然不易，而要做到"无我"，更是困难。吾师盐亭老人有一首诗说明此一情境。

业识奔如许　家山到几时

惭言精进我　羞对天人师
五蕴明明幻　诸缘处处痴
藏珍谁可拟　之子欲何之

二、色心一元的修持原理

佛陀在世时，有很多声闻、罗汉弟子，修持小乘法，将色心二法分开，弃绝色法，只修心法，因此，证得有余依涅槃，断三界烦恼，而后入火光三昧，灰身灭智，自认为已归入空寂无为的涅槃界，即所谓不受后有。但是，这仍然是不究竟的。

从佛法的观点，心物是一元的，色与心皆是第八阿赖耶识（心王）所显现，因此，色心二法是平等的，互相作用，如同理学家所说，太极一动分阴阳，阴阳对立相生而成万物；也如老子所说"道生一，一生二，二生三，三生万物"。所以，修持的过程，须参透心色二法兼了，才能达到究竟圆满，如《楞严经》云："若能转物，则同如来。"

唯识学里有述及二十四种心不相应行法，譬如时间、势速（光速、动力等），这些自然界运行的法则都不是心法所能改变的；那是指与我们的意识心并不相应，并非是指八识心王的心体。譬如打坐，真正入定，一旦出定，已过了一天，把时间都忘了，意识心虽然忘记时间的流逝，但是时间还是时间，地球仍然是一分一秒地在动，宇宙法则还是一分一秒地在运行。即使真有最大的神通，也无法改变此物理世界的运动，所以谓之心不相应的行法。也就是说现行意识所不能转变的。又如初学静坐，进入定静时，可以使血液的流动缓慢或极缓慢，但不能使之完全停止。

因此，了心不了色，仍属于小乘果位，必须进而做到心色二法皆了清净。但心色清净是否就是修持的究竟呢？不然，必须修到净污不异不一，了无挂碍，动静一如，寂用不二，才能达到显密教理所谓的三身成就（法身、报身与化身），才是究竟圆满。

所谓三身成就，即包含体（法身）、相（报身）、用（化身）三部分的互摄与相融。法身是清净、无为的，体性寂然，周遍十方。报身是圆满的，且有色界天人的德相，但福慧不同。化身是以千百亿的应化运用，应现众生类形，以解脱众生苦厄。因此体、相、用三身的成就，才是成佛的究竟。

按照佛教的道理，诸佛菩萨的智慧功德是无量无边，同时，众生的业力果报也是无量无边。因此，如何转业果为智慧，即转识成智，转用得妙，转色身为圆满报身，此一转乃为修持的中心，也是修持的最难处，但如俗书戏论所谓"怎禁得她临去秋波那一转"。《六祖坛经》云"烦恼即菩提"，即转烦恼为菩提的意思。

三、念身法门的认识

明白了心色一元的道理，可以知道色身的修持与心法的修持是一样的重要。色身不能解脱，必然不能达到"无我"的境界。

有关念身法门的修持，中国的道家、显教，印度的瑜珈，或中国的一部分藏密等，都有所记载，兹叙述于下：

（一）藏密的念身法门

目前的密宗，大致可以分成藏密与东密两部分。密教传于中国，约于汉唐时期。分为两支：一支传于中国藏地，演变成后来的藏密，藏密的一部分修持，特别注意身法即身瑜珈。另一支经由中国汉地，东传至日本，而成一体系，即所谓东密，特别注重音声与观想两方面，又称为音声或观想瑜珈。

藏密的身瑜珈，已经建立了完整的体系，其修持的程序，由身入门，先修气，再修脉，然后转到心意层面，并进而修持明点，最后达成拙火（灵力）的成就，产生各种不同的灵能。此一过程，即为印度从古至今一路相传的身瑜珈。

（二）中国道家的念身法门

中国道家的修身之法，乃由医家方士等气脉之学，经历东汉以后佛法的熏陶，所演绎而来的精、气、神三修的系统，即所谓炼精化气、炼气化神与炼神还虚，乃至做到精满不思淫、气满不思食与神满不思睡，如此，自然达到断除人性的淫欲、还精补脑、长生不老的境界。

道家也同密宗一部分有为法一样，再根据佛家三界的道理而演绎成守三际或三窍之论。所谓三界，即欲界、色界与无色界。从人身体的划分，肚脐以下属于欲界，乃精子所藏之处，一切情欲的行为，皆由此先动。中宫——横膈膜以上至眉眼为限为色界。头部以上至虚空，则属于无色界。

所谓守窍，一般称为守丹田。丹田分为三部分：下丹田位于脐下一寸三分处，中丹田胸部分的膻中，位于心，上丹田位于眉间脑际。除此之外，也有守背脊、守头顶或守中宫等，这些都是修气、修脉之学所演变出来，仍然属于念身法门之一种，是有为法，与无为法大有差距。

（三）佛家的念身法门

《心经》云："观自在菩萨，行深般若波罗蜜多时，照见五蕴皆空，度一切苦厄……"其中五蕴（色、受、想、行、识）应如何照见，才能皆空呢？色法为五蕴的第一蕴，包括生理与物理，由四大地、水、火、风所构成（加上空，即成为五大），从人生命的观点，生理属肉身，即属于色法的范围，就整个物理界而言，任何生物的生理都属于物理。

因此，在理趣上，必须先空色法，而后才能照见其他四蕴皆空。从修持的观点看，色身必须先得自在，才能进一步谈到心灵的解脱，黄檗禅师云"身见最难忘"，可见色身的认识与突破，乃为成佛作祖之第一关。

根据佛陀的教导，及个人积数十年之体验，最好的修持之一，是念身法门的不净观与白观骨。佛弟子中，很多是修此二观而很快地证到圣果，后世的修行者，大都忽略此二法门，因此证果的人自然很少。

所谓不净观，即觉知人身之不净，以除其贪欲之观想。观身不净的内容有二种，一者观自身之不净，二为观他身之不净。观自身不净有九相：（1）死想；（2）胀想；（3）青瘀想；（4）脓烂想；（5）坏想；（6）血涂想；（7）虫啖想；（8）骨锁想；（9）分散想。

观他身不净有五不净，即：（1）种子不净；（2）住处不净；（3）自相不净；（4）自体不净；（5）究竟不净。其实，自身他身，都是一样不净。

所谓白骨观，即不净观中的骨想，返观白骨，为知无常而不执着此色身。在西藏密宗佛像中，包括单身或男女双身，各种变相或本相等佛像，大多具有骷髅的形像，如骷髅杖、天灵盖等。或者于诸佛菩萨或护法天神的座下，踏着死尸或骷髅，这就是在告诉我们，无论任何修法，都应该以白骨观为入门。

不净观与白骨观，此二种修持，表面上看似简单，实际上很深奥。因为一般所谓的白骨观，大多都属于观待道理，没有真修到证成道理，只在理念上明白了道理，不一定就能够做到，必须要大彻大悟，才能真实做到。

再进一步来说，知身不净，而变成厌弃色身，或者不执着色身，这些仍然不是究竟。试想一想，青山绿水的风景，多么美丽，还是由脏的泥土所堆积而成。色身虽然不净，但也可以经由修持，使之升华为圆满清净的色身。洁白的莲花乃生长于污泥之中，这就是"最腐朽的也可化为最神奇"的道理。

有关不净观与白骨观的详细内容，可以参究鸠摩罗什大师所译的《禅秘要法》。我曾仔细讲解过每一修法的层次。

（四）综合讨论

藏密的身瑜珈，中国道家的炼精气神与守窍，及佛家各种念身法门包括不净观、白骨观等，都是属于念身之法，因此，除了明白密宗气脉之学外，还必须具备现代医学，中国古代《难经》与《内经》的十二经脉，而为道家所推重的奇经八脉，以及现代物理学、光学、电学、化学等知识。

但是，大部分的念身法门，都离不开气息的修法，所以，念身法门与修安那般那（出入息法），于开始时，几乎是分不开的，可以说是二者为一。

不论哪一种念身法门，其目的，都是为了配合心地的修持，将此业报身转化为圆满报身。如同经说卢舍那佛于色界现圆满报身而成佛，放大光芒，为千佛众生开演华藏世界中大乘菩萨梵网经戒的道理。但如何才能证得此圣境，则必须自己于色心二法，真参实究，方能证得。

四、结语

念身为十念法之一种，位于念安那般那之后。从佛学经论的观点，念身亦为三十七菩提道品中四念处之一部分。

所谓四念处，即是念身不净、念受是苦、念心无常与念法无我。从修持的观点看，色心本是一元，皆为第八阿赖耶识所显现的，众生一切苦受的来源，乃由于妄识心的作用。因此，如何息灭妄识心，也就是去除我执，达到真正的无我，则是修持的道路。如果只注重心法的行持，而忽略色身的调和，最高仅能够证到小乘果的有余依涅槃，仍然是不究竟。

经由心色二法的修持，其最后的目的，为达成三身成就，所谓清净法身（体）、圆满报身（相）、千百亿化身（用）三者的互摄与相融。因此，修持的过程，就是如何转业报身为圆满报身，转识成智，转用得妙，此一转，乃修持的中心，也是最难处。根据心色一元的道理，色身的修持与心法的修持是同等重要，色法不能得到解脱，心灵就不会大自在（无我）。所以，如何转，应当先从色身入门。

有关念身法门的修持，佛家的显教、印度的瑜珈、中国藏地的密宗、中国汉地的道家等，各有不同的念身方法，但在基本上，大都以气脉之学为基础。

藏密的身瑜珈，导源于印度，已经建立了完整的体系，其修持的程序，由身入门，先修气、再修脉，然后转到心意层面，并进而修持明点，最后达成拙火（灵力、灵能）的成就。

中国汉地道家的修身之法，也是依据气脉学，再加上东汉之后佛法东传的熏陶，所演绎而来的精、气、神三修，即所谓炼精化气、炼气化神与炼神还虚，乃至做到精满不思淫、气满不思食与神满不思睡，如此自然达到延年益寿、长生不老的境界。

道家的守三窍之论，也是根据佛家三界的道理（欲界、色界、无色界）所演绎出来。

佛家的念身法门，以不净观与白骨观为最重要。因为，佛在世的时候，大部分的弟子皆依佛陀的教导，修此二观，而很快证到了果位。后世的修行者，大都忽略了这两种念身法门，因此证果的人自然很少。

所谓不净观，即觉知人身的不净，以除其贪欲之观想。所谓白骨观，即观白骨，证知人身无常与无我，而不执着此色身。

经由不净观与白骨观的修持，而变成厌弃色身或不执着色身，仍然是不究竟的。须知青山绿水固然美丽也是由污烂泥土堆积而成，佛像清净庄严也是由业报身所转化成就，圣洁的莲花乃生长于污泥之中，这就是"化腐朽为神奇"的道理。

藏密的身瑜珈、中国道家的炼精气神与守窍、佛家的不净观与白骨观等，都是属于修色身之法，因此除了明白气脉学之外，还必须具备古今中外各医学知识，如中国的《难经》与《内经》，道家的奇经八脉，现代的医学、物理、化学等，如此，才能奠定修持念身法门的基础。

大部分的念身法门，都与气息的修法有关，所以念身法门与修安那般那（出入息法），于开始时，几乎是分不开的，可以说是二者为一。不论哪一种念身法门，其目的都是为了配合心地的修持，将此业报身转化成为清净圆满，与千百亿化用的佛身。

般若正观略讲

南怀瑾先生讲述　叶柏樑记辑

从普贤行入三摩地　受想行识　亦复如是　轻轻从心头起观

尽无尽法门　汝等当学　教你一个咒子　为大家讲个禅宗故事

《心经》为般若法门精髓　空里谈空　都是空话　苦由我来　有我就有苦

如何了苦？首重观想　五蕴一空　依性起修　四大并没有障碍你

照见五蕴皆空　无量法门誓愿学　多受一分罪　多消一分业

小乘佛法如何禅修　观与照是同是别？　善念恶念都不沾

般若就是无上咒　般若正修　事理一定圆融　生死本空　有何可怕

色与空的问题　学佛从有寻有伺开始　见性解脱　能所双泯

色不异空　空不异色　境风吹识浪　自有定盘心　自度自度　快快自度

一九八三年寒假期间，十方丛林书院学生摒息诸缘，入禅堂精进用功。南师怀公亲为督导，并授"《心经》修证圆通法门"，众等如饮醍醐。诸方闻讯，咸盼共餐法味，遂辑录以公同好。

从普贤行入三摩地

你们在禅堂里坐着用功，依照受日本佛教观念影响的本省话，叫坐禅，即普通所谓静坐。一堂静坐，就是修一堂法，到底修个什么法？——修禅定法。不然你木然不动坐着干什么？！但是，只顾坐着贪图舒服，执着清净，逃避现实，是不对的。

所以，现在告诉大家一个法门，《普贤行愿品》的修法。修普贤法门第一要忏悔。每堂一上座，腿子收好，身心稍稍清净一下，然后观想十方三世一切诸佛菩萨，同时遍满时间空间，传法师尊亦遍满十方三世，每一佛菩萨三宝面前都有我在礼拜忏悔。把忏悔的观念情感统统归纳起来，一字一字自己思维清楚，不是嘴念，而是将生命整个投入心念中："往昔所造诸恶业，皆由无始贪瞋痴。从身语意之所生，一切我今皆忏悔。"不是念了算数，心念随念随想，自己有哪些习气杂念？都把它投入一念的诚敬而忏悔透彻，然后观想也不观想，只是一念虔诚，一念忏净，一个法门就到底了。

第二要发愿。我为大家作好四句发愿文，每一上座都须如此，由忏悔而发愿，否则难以相应："未生善法当令生，未尽恶业今使尽。"内心里尚未发生的善法善念，一切现在都让它生起，而无始以来身心的恶业、杂染及烦恼，同时一刀两断不复造作。但不可随便口念，心中应切实伺察，切实做到。

接着要观想："十方三世佛加护，迅速发起菩提心。"观想十方三世一切诸佛菩萨师尊三宝等等，遍满过去现在未来无尽法界，慈悲庇护加持于我，使我能迅速生起无上菩提道心。

我们平常开了一门课"唯识与中观研究"，现在则要讲"般若与中观正见"。最近一回，在本次寒假禅修以前，《维摩诘经》第十一《菩萨行品》提到释迦牟尼佛与香积佛国的诸大菩萨说法，佛告诉我们，有个法门你们诸大菩萨必须修学，什么法门？——"尽无尽法门"。

尽无尽法门 汝等当学

"尽"有头有尾，"无尽"无始无终，无量无边。佛说什么是尽？——有为法，一切有为法都有到底的时候。什么是无尽？——无为法，无量无边无穷尽，亦无始处，亦无终处。我们需要知道，凡是有修有证，不论世间法出世间法，也不论显教密教哪一宗派，皆是有为法。有为法有些是佛法，有些是佛法与外道的共法。无为法则为佛法的正法。无为法,无修,无证,本来如是,一切众生本来是佛。

但是,真的没有法、没有修、没有证吗?不是。无为法就是法,就是修,就是证。证得无为法便是证得涅槃之果,成佛。而涅槃毕竟无果也无佛。真正的大法,无上佛法,就是无为法,说一句无为法已经落在有为了。说也错,不说也错;定也错,不定也错。本自无为。

如果证得般若智慧,真证得了,唤作开悟,豁然大悟,即是悟了菩提,原来一切法本自无为,而一起用,皆是有为。大家注意!照密法来说,这样明讲,也就是传法,但一般人的习气,喜欢一种形相,喜欢神秘,不了解这样说就是传了一个大法。当然遇到蠢人笨人便非得有个形式不可,烧烧香,念念经,摆摆供养,闹闹热热,请人传这么一套法,然后用点净水、香酒往头上一倒,灌了顶啦。唉!当然,那样亦是法,是方便,是助道,是加行。

《心经》为般若法门精髓

现在退而求其次,再讲佛法的般若智慧,般若正见。你们都知道般若,也都会诵《心经》,今天就传一个《般若波罗蜜多心经》修证圆通法门,但要以诚敬虔求的心情来听,是依法,不要依我。能不能有所心得,看你们的福德智慧。

随时在戒定慧中的人,没有不成就的。拿着记录簿,拿着笔也可入定。用时提起,不用就放下;如果这样用功修持多好呢!然而人们在放下不用的时候"小人闲居为不善",成了小人，妄想纷飞，那就不对了。

《心经》般若法门是大乘道六度最后成就的大法，所谓三世诸佛以般若波罗蜜多故，得阿耨多罗三藐三菩提。不修般若无法成就。学佛不是迷信地信仰，那是普通宗教。学佛要你怀疑，要有问题，例如生死问题、自我问题等等；要你观察透彻，而以智慧成就，不是迷信成就，这得靠般若。所以般若法门是佛法的中心点，渐次演变为法相唯识，乃是般若的发挥。般若法门因龙树菩萨大加弘扬而光芒万丈，即如中国的禅宗，有时也被称为般若宗，另外更有一个别名——心宗，一切诸佛之心中心法。般若法门中《大般若经》有六百卷，都是告诉一切众生如何以智慧成就法身解脱的法门。而《金刚般若波罗蜜经》一卷，便是六百卷《大般若经》的浓缩精要，至于般若法门精髓的精髓，中心的中心，则是中译习诵的二百六十个字的《心经》，加上题目总共二百七十个字。

先念经题"摩诃般若波罗蜜多心经"。为什么有这部经？是佛的大弟子舍利弗，问佛修持般若法门成就的方法，佛乃叫观自在菩萨答复这问题。舍利弗问，观自在答，记录下来成为经典流传后世。过去我讲过很多次，现在再来教大家做般若观法，就是前面所提迅速发起菩提心。

首先要了解原经文字。"观自在菩萨，行深般若波罗蜜多时，照见五蕴皆空，度一切苦厄。"这是第一段，注意最后一句"度一切苦厄"。我们如果拿佛学的教理来研究，佛的一切说法，有两条路线，其一始终以小乘四谛法"苦、集、灭、道"为基础，世间一切皆苦。烦恼也是苦，生死一大苦，有生必有死，生老病死等无不是苦。如何了苦？如何了脱？若不能了，怎么才得了？除非得道，灭了所有妄想烦恼，灭了所有业力作用，方能解脱一切苦，离苦得乐。但是一切凡夫众生以苦为乐，积集一切苦，拼命去追逐痛苦之事，当成现实之乐，所以佛说众生颠倒。

如何了苦？首重观想

《般若经》即以"苦集灭道"为基础。因此，第一要知如何了苦？观自在菩萨告诉舍利弗要"行"，就是修行，同我们大家一样打坐，也就是修行的一个法门，行住坐卧随时照管自己，才是修行。我们知道菩萨的名号代表他的修法，等于世间人取名字，有特别的意义。观自在的意义着重在"观"，随时随地，观照起心动念，照管每个思想的起没，但不是用眼睛去看，而是以自己的智慧去觉察它，这就是行的方法。

你们只晓得打坐，内心没去观察自己的心念，没有观心，等于呆坐。光坐在那里昏昏沉沉，懵懵懂懂，与睡眠何异?!不对的，这样不是修道，必须观察自己起心动念。坐在那里身体不管了，四肢不动，六根不用，正是休息，这肉体既已休息，已经很舒服，便不要再管它了。

这时内心要起观。观，观自在菩萨，观自己一个人在，起心动念，念念明了，譬如我现在在讲话，大家在听讲，每一句话，每一个字，讲的，听的，自己观察得清清楚楚；对了没有？错了没有？该讲不该讲？善的恶的，是的非的，一一觉察无失，这是初步。观自心在哪里？有人烦恼起来的时候，做不了主，观也观不了，被烦恼障碍，无明一起，睡意一来，随境逐流，再也不知回光返照。

密宗要人修观想，其实，观是观，想是想。初步的观即是想，这不是很简单吗！观想，就是你须想象得出来，你念头里想，譬如画家要画一座山、一湖水，心一想念，便呈现出来，一山一水，如在目前。密宗修观想也要将对象主题想出来。观和想相连，这是入门方法。可是，你们现在学这法门，老实讲应在哪里观呢？——先要在心头起观，肉体有形之心，两个乳房中间，心窝子上下。观心，先须轻轻地在心头部位作观，当然，思想不是由心脏而生，但是，你正好观察心头这一部分，此是正修行之路，别脑子空想妄想，也不要看光什么了。初学者用此观法，有时觉得心窝子这里痛啊痛的，那是由于胃上食道管不干净的缘故。除非心脏原有疾病的，另须研究其他方便。

怎样才是观自在菩萨修行菩萨道的观法呢？换言之，怎样才是"行深般若波罗蜜多时"的观行呢？你这样从起心动念，慢慢起修，慢慢观想，走路也好，做事也好，随时不离心中自我观照，等智慧功力深入以后，自己自性实相般若的智慧爆发了，就不是先前追求心念起动时的观想智慧了。我们观想的观是妄心观妄心，妄想观妄想，虽然能观的作用是理性的，但仍是妄想。审察自己心念，观到功力深了，因缘成就时，自然呈现智慧德相。但观自在菩萨虽然告诉我们行深般若波罗蜜多，却也不是一观就会，火候到了，起心动念，时时明白，个个清楚，来的时候不欢迎，念头就跑掉了；去的时候不追求，不理它何处消失。如果观行渐深，观到妄心杂念，既不来也不去，正好，一段空灵，得"初住"休息之境。

照见五蕴皆空

念念都舍，舍掉，但舍不是压制地妄造空境，只是随起随消。如此直修下去，最后真智实相般若必然现前。此时一点都不吃力，不必观了，到达另一境界——"照见五蕴皆空"。五蕴皆空就是身也空，心也空，精神世界、物理世界一切都空，身心也无，感觉也无。空了，没有了，并非死亡；空了，自己找自己的身心觉受都找不到，没有腰酸腿麻等现象，意识心中如果还有个感觉，那是受阴，也要空掉；妄想有没有？没有了！想阴也空。

"照见五蕴皆空"，五蕴一了，什么都了！无苦亦无乐，既无欢喜也无悲，实相般若自然呈现，见自性空性，不完了吗！虽然如此，观还是初步的修法，例如密宗的所谓观想，或天台宗的所谓止观的观境，这观字是用第六意识的思想妄心，也是分别的妄想妄心，都是由寻、伺——审察的心态入手。但观的作用很重要，般若修法即从观心开始修观自在。

假如你求个神通、求个清净、求个境界、求个气脉通，都是意识妄念的欲求；你把这些观念弄清楚，念念舍，舍即布施，念头来就丢开，随便它是什么念头，包括佛法的心思都丢开。能念念布施，自然持戒，起心动念，对与不对，善与恶，都抛掉，当然是戒了。能念念布施，自然忍辱，忍即切断念头，合乎法忍。能念念布施，自然精进；念来则舍之，去也不追，自然是禅定。这六度都在观心境界中，等到自性般若显露，便照见身心内外一切皆空，都空无所有了。

小乘佛法如何禅修

小乘佛法的修持，对行者的心理状况有个名称叫"有觉有观"。念佛也好，观想也好，显教也好，密宗也好，都是有觉有观，有知觉、有感觉在观想，心清净与不清净，身体舒不舒服感觉得到，这便是有觉有观起修的境界。那么修到了无觉，肉体感受没有了，还有观，是比较进一步的修行人，但观的心念仍在。真做到了无觉无观，感觉不存，更不必起观，自然清净，如此小乘的禅定修法才算有基础。然而你要知道，这个清净，它是心意识所显现的清明境界，不过已经不错了。如果由此继续定慧等持修下去，即使不了菩提，也可证果。所以旧译修观方法为"有觉有观"。玄奘法师弃而不用，新译"有寻有伺"。

"寻"的心理现况，一个念头去接另一个念头，一个思想去接另一个思想，就是寻的现象。"伺"，妄想念头好像停止一样，似乎不大用力，很静，但其实还是念。古人译为"有觉有观""无觉有观""无觉无观"，弥勒菩萨在《瑜伽师地论》里，谈心理修持的状态，提出三个程序，玄奘法师将之异译为"有寻有伺""无寻唯伺""无寻无伺"。这些心意识的心念变化过程形态，自己须看得清清楚楚、明明白白。而如此这般修持所产生的功德和妄想的关系究竟如何，《瑜伽师地论》以这三地概括得层次分明，这里暂且不提。

般若就是无上咒

那么观自在菩萨的"观",本身就是般若修法,难道另外别有个法吗?!假使真有一个咒语,要念咒子才对,你图的是什么?《心经》末后不就有个咒吗?"是大神咒,是大明咒,是无上咒,是无等等咒,能除一切苦,真实不虚。"观自在菩萨说:你们不要乱念咒子啦,般若就是无上咒,没有其他咒语超过它了;"能除一切苦",只有这个咒子,使人能解决一切问题;"真实不虚",不是盖的。"即说咒曰",我现在说给你们听:"揭谛揭谛,波罗揭谛,波罗僧揭谛,菩提萨婆诃。"这便是大咒。因此关键不是咒不咒的问题,你以为念个咒子才叫修行啊,般若法门正是最好的咒,"观"自在就是咒,观自在就是陀罗尼,总持法门。

开始一切都在观境中修——观与舍,这么样行深般若波罗蜜多时,到了最后已不是观,观还用心,而是无觉无观了。身心真空,不须念念再舍,而是自然静,当下就"照"见五蕴皆空。我常比方,观,这一法门,好像打一盏灯笼,或拿支手电筒找东西,光有限度有范围,找,找,慢慢找;照则不是,整个大电厂开了,如太阳照耀万物,一刹那普照大地,叫佛光普照。你人为的观想,毕竟有限,非普遍。等观到纯熟,一转彻底照见五蕴皆空。照见什么?身体的感觉没有了,无感觉,全盘空掉,那时全不考虑腿痛不痛,麻不麻,什么都没有,可是清楚得很,那是菩提觉性,如有所悟,"五蕴皆空"。你看般若修法那么简单,可是做到了吗?做不到。你们要是这样修起来多好，非成就不可。

色与空的问题

因为有人做不到，所以观自在菩萨又为舍利弗说明色与空的道理。佛在《楞严经》所教的修法是渐次空五蕴。第一色阴，（地、水、火、风）这个身体如何空掉？你们打坐尽管坐在这里，很舒服，还是有身体感觉，色阴空不了。为什么？因为有地水火风缘聚的关系。地，就是肌肉和筋骨；水，身上的血液唾液等；火，生命本能的热力；风则是气脉。气脉怎么会没有？身体自然有气流走动，没有气就死亡了。密宗修气脉，是把四大先修好了，容易将它空掉，了了色法。而谁在修气脉呢？这就不属于气脉问题了。气脉没修好，我们这个肉体四大业气笼罩之下，别说念头空不了，感觉都空不了。色法不空，受阴难除，一天到晚在这里，不是头痛，就是腿麻。饭少吃，饿了！多吃了，肚子发胀！心情不好，无不在感觉之中。甚至你看我不起，我生气；我看你不顺眼，你讨厌，完全沉醉在受阴里，妄想空不了。行阴是生命的本能活动，你更空不了，随生死流转，要病的时候，无法不病；要死的时候，就活不下去，心意识都控制不了。

于是佛菩萨善知识们替我们想很多的办法。从色身上了的，修气脉。从心地上了的，修止观。从信仰上了的，念佛、念法、念僧。八万四千法门都是般若的差别智，都是根本般若演发出来的差别智慧与方法。在色法上，你说没有气脉的作用吗？没有肉体中各种身心变化吗？肉体明明摆在这里，怎么了？有时你自以为精通佛法，晓得自己不要生气，可是今天肝火旺了，脾气来了，控制都控制不了，一发不可收拾，皆是色阴、受阴、想阴、行阴主使了你，你无法做它们的主宰，它用你，你不能用它。

因此，《心经》第二段，菩萨慈悲告诉舍利弗，也是一种感叹："舍利子，色不异空，空不异色，色即是空，空即是色。"菩萨先讲修法原理，五蕴里头第一重色蕴。舍利子，你当如此观，如此了，不走修气脉的路线，但可了气脉。所谓气脉肉体是业气，业气存在，这股力量行到肺部，肺部就起作用，有所变化或生病。那么假使你不用其他方法，天天做教理观念，也可以。白骨观就是为了色法的根本方法，将身体观成白骨。白骨观、不净观属有为法，因为众生做不到色即是空，只好先修白骨观、不净观，等修到白骨流光，光也空了，便照见五蕴皆空，度一切苦厄。白骨观你既不能观起来，不能不修啊！佛初步传法给弟子们，大多都是要人修不净观和白骨观。而根据佛经统计，佛在世时的弟子，由白骨观证果的太多太多了，这是以有为法了色法的最佳法门。

此外还有很多别的途径，如密宗的修气脉，修明点，修拙火。拙火修成功了如何呢？拙火不是一团火，若成一团火，是火观成就，终究还得归空，与其他法门殊途同归。修气脉并非气脉修成便了事，虽然气脉为修道途程中的必经之路，但并非究竟。

色不异空 空不异色

那么不用上述修法，直接走般若路线，如何空色法？——

110

观。内观，观色法，色就是空，有智慧一观就入，便把色法身体空了。慧力不够，修有为法不净观、白骨观等等，照样空。到了空，就是究竟了吗？你气脉化掉空了就是吗？不究竟啊！舍利子，"空不异色"。空了以后，空也不留，有个空的境界，清净的状态，也是色法的变相，与色法没有两样。所以第一步告诉你小乘声闻的"色不异空"，证到了空呢？空还要空掉，"空不异色"，空依然是有相清净，心意识所变现，仍是执着。

那么你说到了第二步"空不异色"，连空也空了，那还不是吗？还未彻底清净，只到一半，不行。"色即是空，空即是色"，这个色法本身就是空的，用不着你去空掉它，它的本性念念迁流，时时不住，本来不住，你去空掉干吗？这是大乘境界了。"色即是空，空即是色"，由于本来空，才有色，有肉体，有物质世界的起用。你别去追求另一个空，认为是道，是究竟；如果这样，还不是的，因为空仍是有。一切万有诸法，一切宇宙现象，都因空而有，无真空便无万有的缘起。譬如房间不空则不能用，因为空才有多种用途。万法皆从空生，从空灭，空生空灭，并非没有，它有生有灭，来去自在，生灭自由。所以如来者，无所从来，无所从去，自性本空，故说"缘起性空，性空缘起"。到了"色即是空，空即是色"，空有二法丝毫没有两样，何必造作去空色法，多费心机。但又何不可造作诸法，生起一切妙用呢！到此才为大乘的成就境界。

经文一开始"观自在菩萨，行深般若波罗蜜多时，照见五蕴皆空，度一切苦厄"，已经传法完毕。明知你空不了，因此说，舍利子啊！五蕴皆空，谈何容易，第一色法便够难办了；别说色法，身见能够空得了吗？我们打坐坐在这里，腿子到这个时候非麻不可,就是色法气脉不通,身见不能空的关系,若无气脉,坐一万年也没问题。大家口口声声五蕴皆空,你到了吗?到了便成就、成佛,不需修了,到达无学之地。

所以说,舍利子啊!不容易呢!需要了色法,"色不异空"。懂吗?懂了,嘿!不要抓住一个空,"空不异色",空和色并无不同。那么,假如对色与空,两头都不执着,对不对呢?还不对,还没真用心。"色即是空",色法当下便是空的,不必多此一举去空,不要执空,"空即是色"。

受想行识 亦复如是

如此,"受"——感觉的状况;"想"——思想;"行"——生命的动能;"识"——现识,"亦复如是",都同上述色法四句话一样。禅宗要人"离四句,绝百非"。四句就是:"空"、"有"、"非空非有"、"即空即有"。大家应从此细加体会。本经的中文翻译太高明了,不把色蕴后面四句,一句一句重复啰嗦地再译。若是用科学逻辑的方法,要将受、想、行、识和色法一样,一句一句写出来,可是本经不循此途,而以文学手法——"受想行识,亦复如是",一笔便交代圆满。然而不啰嗦也不可以啊!般若法门,是最高智慧的成就法门,一般凡夫,怎么能懂?

色法刚才已讲过。"色不异空,空不异色,色即是空,空即是色",也交代完了,再来一谈感觉状态。舍利子啊!"受不异空,空不异受,受即是空,空即是受"。你们现在自己观照看看,腿都坐得差不多了,有些人本来蛮定的,现在是定的反面，难受到不得不摇动。坐久了不舒服，甚之，烦躁不安，这是受阴在作怪。"受即是空，空即是受"，能吗？如果现在有人拿把手枪，你动一动就打死你，这一怕，就忘了这双腿，只注意到手枪，管不了身体酸痛胀麻，好像是空掉了似的，这是心的变相作用，注意力的转移，受阴变相为骇怕，不是真能空了此感受。因此要观，观心为要。

但你观心的感觉即是念头，你别以为只有思想的作用才叫念头！人坐在那里，百千种滋味在心头翻滚，就是受阴没空、受阴不空之故。譬如坐着气脉使身体自由摇动，一摇已是动念了；因为你念头跟着身上气脉，与受阴配合。如果受阴不与之配合，便不致于随它起而动摇了。有些人搞不清楚，硬说只是气脉在动在摇，自己实在没有帮助它，也没管它，它自然在动，没办法。甚之认为是神奇，是道的妙用。这真叫人啼笑皆非，不可说，不可说。因为不懂现识的道理，那是第八阿赖耶识整个念头的异熟等流在作怪啦！

教你一个咒子

身体在摇，不是没有念头，所谓自己感觉没有念头，只是好像没有第六意识的分别妄想。其实摇动本身，正是大念头，须将这感受空了才对。这个不空，没有用的。听到没有？快把受阴抛得一干二净，"受即是空"。抛不开，你念这个咒子"受不异空，空不异受，受即是空，空即是受"。昨天有位同学在摇，我告诉他，教你一个咒子，一念就不摇了，"摇呀摇，摇呀摇，摇到外婆桥。外婆叫我好宝宝，好宝宝！不要摇呀，不要摇。"（众哈哈大笑）什么道理？念头控制念头，有何难处，有何稀奇。摇动本身，脚痛腿麻，都是念。你说难也难，说易也易，明知是这一念在作怪，但此念就难自空，麻还是麻，痛还是痛，因此你别吹牛了，生死到来，病了，老化了，痛苦啊！更难空舍。明知生死是空，但依然生生世世，不脱轮回，随生死所转。

那么受阴哪里来的？气脉来的。所以有的修法需先把气脉打通。这是有为法，对的，也是一大方便。气脉真通了后，肉身不受障碍，一上座，身见自然空，然后再了心，便容易些了。要晓得身与心各占一半，这一半给身体牵住，给四大控制住，很难了，非得把气脉四大色阴这业气先解决不可。所以，你看《心经》般若修法多高明。（讲到此，现场指示一人说：这是观心，就在心头这里观，但别低头。）

空里谈空 都是空话

接着，观自在菩萨提到"想"——思想，思想很难了。（问）你们听唯识课，第八阿赖耶识有没有五遍行？（答：有。）（问）五遍行里有没有想？（答：有。）想的作用多厉害，然而"想不异空"。你空得了吗？观自在菩萨说"照见五蕴皆空"，你却在这里图个空的境界，对不对？——不对。因为"空不异想"。空是你想出来的，你还得进一步同观自在菩萨一样照见"想即是空，空即是想"的大乘境界才对。想没关系，想来想去，它留不住，你现在想想看，乱七八糟，天南地北无所不想，想包子，想馒头，想点心，想过年，想回家回小庙子，担心老师骂，坐着不敢动，很痛苦，入一切苦厄，落在痛苦深渊。唉！你说这胡思乱想怎么办？嘿！你尽管想，想死了也没关系，你要留它也留不住的，"想不异空"，何必想去求空，自性本空，了不可得嘛。如果你到了空境，那么"空不异想"，空仍是妄想所变。所以大乘菩萨不是把妄想空了才证道，大乘菩萨以般若观照，"想即是空"。舍利子啊！那想阴本来自身空空，不要你去特别抓住一个空，抓住一个空，"空即是想"，那么，空也就是妄想。

这样讲是在传法，不是在讲经哦！一点一滴自己要观透。前面所讲的，五阴去了三阴。更接下来，"舍利子啊！行不异空，空不异行"。我们身上血液循环，生命中五阴的因缘际会，宇宙的运行，异熟等流的生命生生不息，都是行阴。譬如我们打坐闭眼息念，什么都不想，黑洞洞，空空的，你以为是静态，其实行阴正在转动，你不知而已。因为它是意识心不相应的行法。你打坐闭眼，刚上座不久开始清净，后来变乱了，然后又清净，无非行阴在流转，在流转的就是行阴。然而，"行不异空，空不异行，行即是空，空即是行"。舍利子！在这行中，当下就是空，别再寻寻觅觅去造成一个空，不然，空也就是行阴的现相了。要观好，那么你这一念的意识也如此。"识不异空，空不异识，识即是空，空即是识"，分别意识完全空，道理同上。

五蕴一空　依性起修

经讲到这里，我们再念念看："《摩诃般若波罗蜜多心经》。观自在菩萨行深般若波罗蜜多时，照见五蕴皆空，度一切苦厄。舍利子，色不异空，空不异色，色即是空，空即是色，受想行识，亦复如是。"你若真有大智慧，不管什么禅宗或般若心宗，只来一照。由观至照，当下办到。心中念头一空，五蕴一空，便到家了。不能的话，再来修修有为法，仍有八万四千法门，可资助解脱五蕴。

假使五蕴解脱了后，观自在菩萨又再告诫舍利子说，舍利子啊！"是诸法空相"。真解脱了，一切法皆空，有为法、无为法皆空，一切现象皆空，般若空性现前，无比解脱，无上解脱。现在大家打坐都不观心，一个念头都观不下去。观清楚了，它本性空的嘛！念头是想，"想不异空"。有位同学一天到晚研究经教，讲的吹的，好像老母猪的肚子那么大，全在妄想中，做不到"想不异空，空不异想"，没办法。只这么一观照，不空了嘛！即是诸法空相般若解脱。般若观照为的是解脱五阴烦恼，但在境界空之中，你须了解这时是照，不是观。这个空的自性，不生不灭，别怕五阴来去，想也好，不想也好，想而不想，想过不留，无住无着。所以说"不生不灭，不垢不净，不增不减"。一切过去所造的业力、染污，从来未停留，一切清净心念也未停留。你想保持一个清净的心境，就错了，这是大妄想。因为它本来不垢不净，空嘛！哪里有个清净呢！？清净已经不空。你说这白颜色最干净了，其实有个颜色叫白色，不已着了色吗？空，没有白不白，黑不黑，以此类推，"不增不减"。

你能做到一切法，一切思想，一切作用，一切感受，不生不灭，不垢不净，不增不减，便懂得诸法空相。但要观照透彻，后头还有很多东西，还有修法，你们参不透。不要以为一路到底了事。今天先讲到这里，下次，也许明天，也许周四，不一定，依你们修持状况再谈。

无量法门誓愿学

刚才首先教大家怎么打坐修法。第一，上座忏悔。第二，发愿。第三，修习观心法门，依《心经》做般若正观。那么有人说，老师你又教白骨观，又教念佛，又教观音法门，那么多，究竟学哪一法？现在又多个般若正观，叫我们怎样修？那些都是助道品，都是加行法，到头来非得接上般若正观不可。所以"有时且念十方佛，无事闲观一片心"，因为"色不异空"。既然空不了，那你就修修白骨观，到达有为空的清净境界，你还没证果，就把这般若正观的法门暂时收拾起来，以后必要用到。再来念念佛，求加庇，利用念佛法门。"受即是空"，觉受的境界空不了，可用打通气脉等等的功夫方法，以便透彻自性空境。

凡此种种皆是方便，佛在《维摩经》说，有尽、无尽法门，菩萨必须修学；有为，无为，究竟是一条路子。"有为须极到无为"，记住："法门无量誓愿学。"下座，休息。

观与照是同是别？

我讲过"般若正观"是佛法正修行之路。现在要问大家，观自在菩萨的"观"，和照见五蕴皆空的"照"，这二者依你们的看法究竟有没有差别？

（陈同学答：没有差别。）

（蒋同学答：观指主体，照指客体。也就是说，在做工夫时，自己要了解外在的东西，心不要给它抓走，须照住它。如果不如此的话，我们心中的遍计所执性及依他起性，便会在自我里造成许多错误的概念，障碍自己。）

（某法师答：照可以说偏向于止和静方面，为根本慧，观则是一种抉择，属分别慧。二者是一体，同中有异，异中有同。）

（林同学答：我对刚才三种说法不完全同意。观可能还只是在自性本体的功用上做工夫，到了照以后，已经能够洞见自性本体了。）

（某学僧答：我认为观比较属于意识妄想这方面，照则是属于智慧的抉择。）

（周同学答：观是般若的本体，照就是本体起用的境界。）

好，你们都讲得蛮好，蛮像一回事，但也都统统吃鸭蛋，得零分。大部分同学都还在谈理阶段，光说不练，如何把这法门切实用到心地上才是正题。

你们看，佛法由世尊，传到弟子迦叶、阿难、目犍连等人手里，便有了各自不同的讲法。等于孔子的学说到了子夏、子游、子张、子贡一代，理念的表达和事物的偏重，就不一样了。各有成就，各有所得，然而究竟有偏颇，并不圆满。你们刚才所讲，彼此体会不同，大致还算不错，但是都没有正中问题的核心。

现在我把《心经》切合修持用功的法门，顺便融合一点教理的分析，试着贡献大家，认识般若宗，也就是一般所谓的禅宗、心宗、达摩宗的眉目。其实，你们许多人尚未对这个法门真正深入，全心全意用功修持。你以为教理不是修法啊?!其实，真正的教理正是切身的修持法门，一定要有形有相的方式才叫修法吗？那是次等法。上等之法，理事圆融，法界无碍。理即事，事即理，理是教理学理，事是行持工夫。真通了教理，见地透彻，这见地就是工夫。

般若正修 事理一定圆融

所以你看《华严经》有四法界。事法界、理法界、理事无碍法界，工夫到了，理也到了；或者理到了，工夫也到了。事事无碍法界，根本没得理存在，全是事了。譬如我们日常行住坐卧，都是一件一件的事，每件事都有它在哲学上和科学上的道理。但是我们每个凡夫都自自然然晓得上厕所、穿衣服、吃饭，事事无碍，样样平常，根本不管那个理不理。因此，理的极致就是事，理事双亡，能所不立，才得证成佛。

告诉你们，这样便是参禅啊！今天一问大家，依然没得办法。以前都讲过的，现在仍茫然不知重点所在，这很严重，很糟糕。

大家要好好走般若正观的修持路线，不只为了自己将来的成就，自己成就了也可以教他人，帮助他人。有同学在此地学了一小段时间，还没学成便离开。到了外面，念佛的团体请他去说法，推也推不掉，这才晓得还须更上一层楼，每日谨言慎行，战战兢兢，把修学日记寄给我看，每天做些什么事，遇到什么困难，我都清楚。过不了多久又跑回来，想继续好好学。

到处需要人啊！以后你们都要轮流出去弘法，不行的话，这里也别再混下去了。这里并非养老院、托儿所，自立立他，自觉觉他，牺牲自我，普济众生，这才是大乘菩萨永不退失的行愿。经云："自未得度，先度他人，菩萨发心。"

要你们去弘法，究竟到哪里去呢？这就要看你们如何去开创了。样样都要靠老师，不行的！难道死了以后，还要老师给你定个棺材；然后，老师，你帮我装进棺材；在棺材里还要说，老师请你把我的头摆正一点，这样行吗?！所以这一回寒假禅修，要求比以往严格，不是闹着玩的。希望大家善自护念，各有心得。

如何观？如何照？前面已说明过。现在再问一个问题，观与照应属于何种般若？（有同学迟疑地试答：是不是实相般若？）错了。你们这样回答等于在猜题，心存侥幸，要不得。依禅宗而言："思而知，虑而得，此乃鬼家活计。"要想一下才知道，研究考虑一番后才晓得，都不是本份自性般若自然的流露，不算修道本色，而是猜疑伎俩。

学佛从有寻有伺开始

般若的内义包括下面五种：实相般若、境界般若、文字般若、方便般若（沤和般若）、眷属般若（布施、持戒、忍辱、精进、禅定）。观自在菩萨的"观"和照见五蕴皆空的"照"，二者都是境界中事，都是境界般若。我们由修证的三个次第——"有觉有观"（有寻有伺）、"无觉有观"（无寻唯伺）、

"无觉无观"（无寻无伺）——可以体会到观与照的分际。观的境界就是寻，有如在找一个东西，比方一根针掉到地上，怎么办？屋内一片漆黑，只好借着烛火或手电筒的亮光慢慢寻找，慢慢探索，这是"有寻"。"伺"则不寻找，找啊找，找也找不到，坐在那里等着吧，本来到处移动的小亮光停在一个地方，定住了，久而久之，光亮逐渐放大，这是伺的境界。最后，瞎猫撞到死老鼠似的，一下放大光明，彻天彻地，便到了照见五蕴皆空，无所障碍。

凡夫学佛，不管是学密宗或者显教，一开始都是有寻有伺。观想一下观不起来，即使观起来又跑掉了，自己很惭愧，又忏悔，又难过。然后再观想寻回来，这样七腾八折，后来勉强定住了，就是伺。可是刚刚以为自己行，很得意定住了它，哎呀，又跑掉了。只好再去找，如此反反复复，寻寻伺伺，最后终于到达了无寻无伺地，不思善，不思恶，便相当不错了。

心中随时起观，念头何处来？何处去？等到功夫较为纯熟，前念已灭，后念未生，中间一段空灵，有人就拼命看得很牢，对不对？这又沦为下品修法，你死心眼看着那一段干什么！看臭水沟啊?！嘿！你就忘了《金刚经》所说："过去心不可得，现在心不可得，未来心不可得。"过去的念头已经过去，未来的念头还没有来，中间的念头当下即空，你看住它执着一个空干吗？这是不用智慧去参！因为那个空也是你心意识所造，当不得真。那么你不看它，怎么办呢？看与不看之间如何取舍？

我如此一讲你们便傻了，稍稍深入一点，我就晓得你们吃不消。修行人真到了解脱处还有什么观心不观心的。解脱便解脱，毫不拖泥带水。但是刚开始时，一切都要从般若观心来。《心经》告诉我们：菩提萨埵，依般若波罗蜜多故，心无挂碍，无挂碍故，无有恐怖，远离颠倒梦想，究竟涅槃。般若是诸法之母，非修般若不可。

境风吹识浪　自有定盘心

纯正的般若观心法门，观自我心意识的生生灭灭，本无所谓在何处起观的问题，婆婆妈妈，多此一举。心并不在内外中间。然而一般行者做此观法，很容易将注意力集中头部，引起高血压等病症，所以才又提供大家轻轻在心头作观的方便，又怕你们不懂心头部分，特别说明在心窝子这里，两个乳头中间，肋骨衔接凹下之处。就在这里自然起观。

你看我多么有耐心。常常你们一大堆不是问题的问题，我都一字一字静静地洗耳恭听；每个礼拜那些糊里糊涂、莫名其妙的日记，我都坐着几个小时，规规矩矩、一句一句仔细看完。这就是忍辱波罗蜜，其实忍都不必忍，忍性自空。

观与照有层次上的不同。大家注意经文："观自在菩萨，行深般若波罗蜜多时。"怎样修行呢？行住坐卧，起心动念，随时在观照中。若说观照得得心应手，那么你那个能观照的是什么东西？观心到了某一程度，自然因个人业力不同而现出各种境界。有人到时就看到圆光，有什么事问他，只要在圆光中一看，就知道了，一执着便上了邪路，错了。境界倒是真的，所看的山水人物也是真的，并不一定是这一生的事。那么这是不是妄念？是妄念，是六尘缘影，甚之，是第八阿赖耶种子识的变现影像。

所以要观这个念。这个念不动，你怎么看见?! 念不动，怎么会起境界?! 念头动，气也动，气不动，境界还出不来呢，对不对?! 一切境界皆是念动，凡所有相皆是虚妄。感觉也好，思想也好，气脉也好，都是相。你把这道理弄清楚了，才容易上路，才不会出差错。大家要观照清楚，笼统不得，然后看到境界，呸!!! 去你的，正一正，动一动，连个鬼影都没有，还有什么境界不境界。这是个法门喔，密宗有一个大手印法门，大力吐一个"呸"字，顿除一切妄想杂念，使心境立刻变得海阔天空。

当年我的老师袁先生，告诉我他以前参禅、参话头的经验：一心一意，昼夜不懈，参到吐血也不管，男子汉大丈夫，死了就死了，决不退悔。有一天，早晨起来叠棉被，把被子这么一抖，从中滚出一个太阳来，真的太阳。他不信，再一抖，又是一个太阳出来；再抖两下，一个一个太阳，接二连三滚出来。嘿! 他说原来什么学剑仙、学看光、修行得神通的，都是这样。去他的! 你来骗我干什么! 被子也不叠了，吐它一口口水，打坐去了。真是大修行人，再怎么"境风吹识浪"，绝不被境界所转。

然而到达"照见五蕴皆空，度一切苦厄"，究竟了没有?——不究竟。况且你们还没有照见五蕴皆空。只好慢慢观，随时念念回光返照，如此行深了，自然如人饮水，冷暖自知。你们念朝暮课诵"楞严咒"的偈子，有"将此深心奉尘刹，是则名为报佛恩"两句话，这也是行；行深了，自然照见五蕴皆空。

123

轻轻从心头起观

你们现在坐在那里，五蕴都不空的。有时气脉动，气脉是什么？都是四大色法变的。气是风大，脉是水大、地大、火大的综合，是由神经初步发起的作用。气脉通不了，色法空不了，身心空不了，实相般若无法现前。因此第一步先要依"色不异空，空不异色，色即是空，空即是色，受想行识，亦复如是"起修，等照见五蕴皆空，度一切苦厄，四谛中便没有苦谛，灭了苦谛即道谛，而五蕴就是集谛，一个般若观心法门便把"苦集灭道"贯彻尽了。要离一切苦，先灭一切集，如何灭一切集，得了道才灭一切集。这不只是讲道理，都是修法喔！

大家好好奉行观自在菩萨的教法，观照这个色身色法同性空的关系。不然闭起眼睛打坐，里头一片漆黑，懵懵懂懂，自己搞不清楚，多可怜，多悲哀！你们现在如此观心，不要向顶上观，不要在脑子里观。平平安安，自自然然，轻轻从心头起观即可。千万不要硬抓住肉体，把肉体看得那么严重。若是作白骨观，白骨那个空架子，重心大概也在心头这一部分。听懂了没有？要把每一句话听进去，不要表面专注，其实昏昏沉沉，莫名其妙，白白浪费时间。话记不住，就是落在无记中。若能每句话明明白白记住，心中却无妄念杂想，这才是定的忆念之力。

好，现在告诉你们，刚才你们几个人的回答，还算有点影子。观与照，彼此同而不同，有层次之别。若是修行到了照的境界，那便到了理无碍法界，但尚未达到理事无碍法界；或者勉强说到了理事无碍法界，不过还没完全，差不多是介于理无碍与理事无碍法界之间。

然而，凡是不能真正用功修行，光在那边讲道理的，不论是观是照，都是理法界边事。还有人问，无寻无伺的境界跟无记如何分别？无记就是无记，无寻无伺就是无寻无伺，就这么简单！般若波罗蜜多的功行深时，自己自能分别，没有修，空谈妙理干吗？（此时有同学问：观是修道位，照是见道位，对不对？师答：就工夫而言，勉强可以这么说，但还不真是。）

为大家讲个禅宗故事

现在为大家讲个禅宗故事，看看有没有人能够领会。事情发生在唐末五代，现今湖北武汉三镇地带，有名的黄鹤楼就在这里，风景很美，唐代名诗人崔颢有诗为证："晴川历历汉阳树，芳草萋萋鹦鹉洲。"当时有个禅师，自己认为已经大彻大悟。有一次，他到一位修道已经到了家的大居士那里去化缘，所谓"求人须求大丈夫，济人须济急时无"。大居士接待这位禅师，知道他来化缘，就说："好啊，大和尚，我问你，答得出来，一切供养，答不出来，免谈。"和尚说："好，你问吧。"居士就问："古镜未磨时如何？"一个古老的铜镜，脏兮兮的，生满铜锈，没有擦干净前怎样呢？和尚答："黑如漆。"染污得像沾过油漆一样，黑乌乌的一片。居士又问："古镜既磨后如何？"假使好好磨擦干净了后怎样？和尚答："照天照地。"这下可好，大居士说："不行，对不起，请出去，不供养你。"

没有错啊！依教理讲，那禅师这样回答，一点都没有错。古镜未磨，此心还没得定发慧，没悟以前，黑如漆，哪里有错？古镜既磨后如何？照天照地，那不是唯识所讲第八阿赖耶识，转成大圆镜智了吗？但是宗门祖师禅与如来禅不同。你们如果去化缘，遇到同样的情况，给人扫地出门，你服不服气啊？不服气。这和尚当然不服气，再去修行，又住茅蓬潜修，三年以后，再回来化缘。大居士看到他又来了，好啊，请坐，我问你，还是那句老话："古镜未磨时如何？"答："此去汉阳不远。"再问："古镜既磨后如何？"答："黄鹤楼前鹦鹉洲。"嘿！请接受供养。

这是什么道理？三年的历练毕竟没有白费。他先前所答，已非泛泛之辈玩口头禅的阶段，真也到了相当程度，也有相当的功夫。但仍不行。照见五蕴皆空，便算了道吗？不对的，我们这位大维摩居士说不对就不对，你有什么办法。

这次寒假共修，每个人都要好好观心，不做观明点，或者念佛念咒等等其他工夫。明点是心造，念佛念咒也都是此心在念，观想佛菩萨亦是同样这颗心在想。凡所有想，皆是境，佛也好，魔也好，山水也好，人物也好，都是境界；能起境界，能想，能诸般造作的，非境。所观所照的是心念的变相，是境界般若；能观能照的，不是境界般若，而是实相般若。修行人必须找到能观能照的那个，才算开始发现自己本来的面目。

苦由我来 有我就有苦

我为了怕你们听了似懂非懂，因此婆婆妈妈，一而再，再而三，将《心经》般若观法，从头至尾，从尾至头，反反复复，不厌其烦地加以说明，希望大家好好体会，好好在八识田中记牢。一入耳根，永为道种。

你们当中已有少数人有一点入门的样子了，但大部分还莫名其妙，不知所云，甚至有些更妄作聪明，自以为是，在那里理上推理，头上安头，越来越离谱，要不得。在座之中，每人至少已有七天的禅修经验，放下一切法，放下一切心。现在好好求忏悔，每一上座，不要忘记先前所讲，先诚敬地忏悔，然后真心地发愿。再来，依《心经》观心，如此修去。

观自在菩萨开始从四谛法"苦集灭道"的苦谛开示我们，痛下一锥。苦海茫茫，一切众生有求皆苦。不但世间法求不得苦，求出世间法而不能相应更苦。想学佛，想出家，想成道，多苦啊！世出世间，一切皆苦。如何了脱这苦呢？苦由哪里来呢？——由"我"来。有我就有苦。我从哪里来？由身由心，由念头思想和四大和合而来，是名"色受想行识"五蕴。先要了此五蕴，才能跳出苦海。跳出苦海即是"度一切苦厄"。如同乘船由此岸到彼岸，需要借助工具。般若观行，正是最好最妙的工具。依之起修，自性自了，自性自度，还怕跳不出痛苦深渊，照见五蕴皆空吗？

我们如果做白骨观，身上肌肉、气脉、神经、细胞等等都化掉了，还有什么气脉不气脉的，不就好了吗？有气脉就是还有肉体，肉体是受蕴。受蕴哪里来？从色蕴的四大来。四大空不了，其余受想行识四蕴更免谈了。因此无法度一切苦厄，长日都在苦中。所以观自在菩萨告诉舍利子，从观心去了世间诸苦。

观心不要蓄意，不要用力，自自然然去观。实际上，你一观这个念头，这个念头已经跑掉了。跑了的不去追寻，未来尚未生起的，不去迎取。当下即是空。管它空也好，不空也好，一念清净自在。有杂念妄想来——舍、布施掉，即传统禅宗讲"放下"。念念舍，善念也好，恶念也好，世间念头，佛法念头，一切皆是虚妄。譬如《圆觉经》所讲，"知幻即离"。知道这念头是虚假幻化的，它来了，不必费力赶它，轻轻一观，本来空嘛！"不作方便"。用不着求佛菩萨帮忙。"离幻即觉"。离开了妄想，不就清清净净，明明白白，自性般若，没有程序，"亦无渐次"，当下现前，这不是很好吗？可是有些人也许错解了《圆觉经》，以为觉了就成佛。他不知道，纵使如此，还是初觉始觉，不是本觉。

四大并没有障碍你

般若观行的工夫真到了家，突然之间，顿悟，照见五蕴皆空。身心内外统统空，见自性真空。若是还有气脉，还有感觉，还有痛苦，坐着不舒服，那都陷在受阴、想阴里头，还谈个什么其他的呢？纵然你得了定，呼吸停止，脉还不止，依旧没能脱离行阴。即使脉也停了，你暖、寿、识仍在，依旧无法超出识阴的控制。

那么，借着"观自在菩萨行深般若波罗蜜多时，照见五蕴皆空"的修法，人人直修下去，由观到照。等到照的时候，那便一点也不吃力，也用不着修，但又不离修。自然而修，修而不修，也无着力之处，好像无修无证，但又清明在躬，才能度一切苦厄。

如果这种观心法门，一时功夫不能得力，我们还可利用接下来的"色不异空，空不异色，色即是空，空即是色，受想行识，亦复如是"的方便观慧，与之配合而修。有大智慧的人，一听"色即是空"，两腿盘着也好，不盘着也好，一念顿住，把色身一抛，就丢掉了。凡夫怎样都丢不开，无始以来就舍不得这个集根本业气于一身的肉体，禅宗称之为色壳子，一投胎钻到这里面去，以后便爬不出来。好像那个蜡丸一样，药一装入蜡丸之中，一封，困住了，打不开。你看，这色壳子有多麻烦，多厉害。

但是，你若真把色身空掉了，却也不要就此执着一个空。只知性空，不晓得缘起，不能起妙用，那便落在"见取见"上，还不算数。这时更要回心向大，转成菩萨道。"缘起性空，性空缘起"，缘起的诸种宇宙现象，本性是空的；而正因为本性是空的，所以才能缘起所有世间的事事物物。因此上面两句话"色不异空，空不异色"，指的是"缘起性空"；下面两句话马上一转，直入大乘菩萨道"性空缘起"的妙有境界，"色即是空，空即是色"。

这四大丢不丢开都一样，它本身自然就是空的。你觉得你被四大障碍住，其实是你自己的念头在作怪，自我拘束，四大并没有障碍你，它和念头一样，本空。你若参透了这个道理，又何妨四大之存在?! 有了四大才能创造诸般事业，成就种种度生功行，多么棒！

如此，"受"的情况也是一样，"受不异空，空不异受，受即是空，空即是受"。你们坐在这里，就算感受空掉了，也不必一直贪着这个空境。换句话说，陷在受阴境中受苦也不错嘛！双腿一盘，坐久了，哎呀我的妈！人生能有此番经验，岂不有趣?!（一笑）

多受一分罪 多消一分业

我昨天告诉大家，多受一分罪，多消一分业。无始以来，我们破坏人家的好事，伤害其他众生，使其身心受大痛苦，这类勾当我们做得多了，现在自己也尝尝看，消受消受，何必这么心不甘情不愿的样子，扭扭捏捏，多没出息。"受即是空，空即是受"，你腿麻，你难过，那么就自己回转来往内观照一下，正在那个酸痛胀麻的时候，自己仔细看看，蛮好玩的。我们还可跟它讲话，格老子，你痛个什么鬼？乖一点好不好?!嘿，这不痛得痛快吗！你那清清楚楚知道痛的那个并不痛，对不对？懂不懂？你要真懂了，般若修法就入门了。（一笑）

再接下来轮到"想"。"想不异空"，它本来就是虚妄的、假的、认不得真的，所以叫妄想，为什么还要那么死心眼，上当受骗呢！想，你尽量想，给你想个够，想累了，看你还想不想？一个念头过来，它在你那里留都不留，一刹那便溜走了。来无影，去无踪，无所从来，也无所去，根本就是它来空你，难道你还真有本事空它吗？

可是，当你的感受进入清净的状态时，也别猛抓住清净，执着空，自以为高明。"空不异想"，空的境界本是妄想的变相，有何稀奇？一般凡夫妄想落在有边，生生世世不离六道轮回；而小乘声闻缘觉落在空边，不能起诸妙用，普济群生，尚未究竟。"想即是空，空即是想"，想与空不二，根本没有什么想不想、空不空的问题。你死守一个空，自以为是，其实正是个要不得的大妄想，该打香板！

受阴、想阴解决了以后，紧接着行阴和识阴的问题："行不异空，空不异行"；"识不异空，空不异识"。行和识一般人无法认得，很难懂。你们有人自以为懂《心经》，随随便便，信口开河，不要谤法造孽呀！你色阴、受阴了了，想阴也了了，慢慢才体会到没有妄想，虽然好像没有妄想，可是有个东西。是什么，讲也讲不出来，不在外，不在内，不在中间，却有一个什么似的在那里，这就是行阴。无明缘行，正是这一念无明在作怪，而你却以为是清净，以为是道，活见你的大头鬼。

再说，受想行识的"想"和"识"，彼此有别。想只能说是识阴所起的表层作用。唯识的"识"很深奥，很不简单。你们听《成唯识论》的课听不懂，应该的，一点都不稀奇。但是如果能做到"色不异空，空不异色，色即是空，空即是色"，那么便能一路下去，了解并解脱后面紧跟着的几个阴境——受、想、行、识。

善念恶念都不沾

观自在菩萨在谈完了五蕴的真相之后，继续更进一步给舍利弗做结论。"舍利子，是诸法空相"，不但要身空，不但要我空，连法也要空。般若也好，佛法也好，有为也好，无为也好，无一不是幻化假名。"法不异空，空不异法，法即是空，空即是法"，什么法都丢，都空掉。一切法空，小乘法、大乘法、显教、密教等等，凡所有法，一股邋遢统统没有，但不贪恋一个空，那样子就对了。

然后，在这诸法空相当中，你正好自修持。这个诸法空相，"不生不灭，不垢不净，不增不减"。实相般若，自性真空。于此境界，自自然然无修而修，无证而证，此即行深。然而什么是不生？——无生法忍。一天到晚，尽管吃饭、穿衣；尽管开玩笑，打哈哈，乃至忙碌奔波，喜、怒、哀、乐样样都来，却是动而不动，生而不生。每个念头用过了，当下即舍即空，即用即有。既然不生，当然不灭，不生不灭，圆满无碍。并且，在这诸法空相当中，还有什么脏不脏、净不净的，"不垢不净"。善念恶念皆不沾，譬如宇宙虚空，香的、臭的，好的、坏的，它一概包容，也一概不失自己本来面目。在这诸法空相当中，你修它也多不起来，你不修它也少不了一丁点儿，空就是空，无所谓大小多寡，增加减少。你们大家功夫不到，没有悟道，空不了五蕴，难道这样便少了道吗？——没有少啦！"不增不减"。

观自在菩萨得寸进尺，一步一步再开导舍利子，"是故空中无色，无受想行识"，你如此身心空灵去修，什么障碍都没有。你说你腿痛，那么且看看那个腿痛的念头痛不痛？别看腿。知道痛的那个，其实不痛，根本没有怎样嘛！"无眼耳鼻舌身意"，没有眼睛，你们打坐还有个眼睛，因为你忘不了它。真能把肉体丢开，还有什么眼睛、耳朵、鼻子、舌头、身体、意念等等这些名堂呢？"无色声香味触法"，既无六根，何来六尘？六根六尘空得一干二净，彻底没有。有也无妨，因为"诸法空相"，有也空啊！我们出家学佛，天天念经，到底念什么经?! 打起坐来，不是眼睛，便是耳朵，时时抓得牢牢的；哎呀，我的眼睛不舒服啊，耳朵难过啊。去你的！怎么不好好了解《心经》？"无眼耳鼻舌身意，无色声香味触法"，一下就都空掉了，毫不拖泥带水。什么白骨、明点、气脉这些热热闹闹的玩意儿，理都不理，直截了当便空了六根六尘。

生死本空 有何可怕

六根六尘空了还不算数。经文又说："无眼界，乃至无意识界。"无眼界，无耳界，一界一界算到无意识界，这十八界都空；四谛也空，无所谓苦，无所谓集，无所谓灭，无所谓道。由无明缘行、行缘色，一脉相承的十二因缘，环环皆空。因此，"无无明，亦无无明尽。乃至无老死，亦无老死尽"。你说那我把无明空了，就完了，对吗？——不对。自以为空到了头，便算了事，那是昏了头。其实无明也没有什么尽不尽、了不了的啊！乃至十二因缘的最末一位"生死"，同样没有什么解脱不解脱的。为什么要了生死？了了干什么？生死本空，有何可怕！故说"乃至无老死，亦无老死尽"。了了生死的人，人到哪里去了？——还在生死中哪！注意喔！大家注意听，别会错意，自找麻烦。

观自在菩萨如此这般，细说般若观心法门，娓娓道来，无一不是为了要一切众生，真放下，真解脱，真自在。他起先由四谛法起讲，现在又归结到它。"无苦集灭道，无智亦无得"，生老病死苦的烦恼都没有了，又需要什么智慧不智慧的法药来治疗呢？又有什么成败得失呢？"无智亦无得"，得个什么？得道啊？有个道可得，那就错了。本来无所得，何必大惊小怪，患得患失，庸人自扰呢！"以无所得故，菩提萨埵。依般若波罗蜜多故，心无挂碍"，当修行到这一地步，无智亦无得，便算你证得般若了，由观起修，终于照到了。但仍没有彻底解脱，还未完全明心见性。不过般若智慧已经登堂入室，因此"心无挂碍"。休息也好，工作也好，在家也好，出家也好，一切心，一切法，不相妨碍。

那么，"无挂碍故，无有恐怖，远离颠倒梦想，究竟涅槃"。这时于任何境界皆无惊怕之心，不畏生死，不怕轮回。正因为悟到自性般若的大智慧，所以才能更上层楼，没有任何颠倒梦想，究竟涅槃，成就佛果。大乘菩萨的境界不是没有梦想，普度众生，觉悟有情，正是大乘修行人的梦想。你们朝暮课诵"楞严咒"的偈子里，有两句话，"销我亿劫颠倒想"与"希更审除微细惑"，要消除那个微细惑业可真难了。我从几十年的经验，看了老一辈子，看了年轻一代，许多都走了岔路还不自知，少有功德圆满的。这细微到极点不易检查出来的业惑，越是修到最后，越难捉摸。结果自己搞不清楚，处处怀疑，东找西找，没有了结。

见性解脱　能所双泯

因此，连这一丝丝、一些些虚无缥缈的惑业，也都得依般若波罗蜜多，彻底断除。"即空即有，非空非有"的般若正观现前，这才大功告成，究竟涅槃。这个时候真正是悟了，不是观，也不是照，而是见性解脱，能所双泯，大圆满，大自在。经文前面，由"观自在"起到"照见五蕴皆空"，属有为法，即是《维摩经》所讲的"尽"法门；后面"以无所得故，菩提萨埵。依般若波罗蜜多故，心无挂碍"到"究竟涅槃"这一段，属无为法，即是《维摩经》所讲的"无尽"法门。

接着，观自在菩萨又很慎重地吩咐舍利子，"三世诸佛，依般若波罗蜜多故，得阿耨多罗三藐三菩提"。三世诸佛，过去佛，现在佛，未来佛，真正要能大彻大悟，成就正等正觉的圆满果位，非依自性般若智慧的解脱不可。你们惝惑，以为念个咒子可以成佛，那么"故知般若波罗蜜多，是大神咒，是大明咒，是无上咒，是无等等咒，能除一切苦，真实不虚"，般若波罗蜜多正是真正不可思议的咒语，能让一切众生证到自性光明宝藏，再也没有另一个咒子超越过它了，无有能与匹敌者。所有的咒语，一碰到般若波罗蜜多，还有什么戏唱呢？你们为什么不念呢？不过光嘴念还不行，你要用心眼观照，确实证到，不然你无法将它的功效发挥到极致灵感的地步。般若波罗蜜多真能破除你们那些莫名其妙的迷信思想，真能顿消三界一切烦恼痛苦，不是随便说说，闹着玩的。

《心经》讲到这里，观自在菩萨知道大家喜欢神秘，喜欢弄个咒语，念念有词，于是为了满众生愿，干脆也把这个般若波罗蜜多的无上大咒传了："故说般若波罗蜜多咒，即说咒曰，揭谛揭谛，波罗揭谛，波罗僧揭谛，菩提萨婆诃。"你们现在一起念，用闽南语或广东话比较接近原音。

自度自度 快快自度

至于这个咒子意思如何呢？"揭谛揭谛，波罗揭谛"，自度自度，快快自度；"波罗僧揭谛"，大家快快自度，并度大家。菩萨传你这个法，就是要你自我承担，别再自欺欺人。人贵自立，自助天助。唯有自度，才是正法。光死皮活赖，向佛菩萨求这求那，终究不是办法。各人生死各人了，自己业障自己消。任何法门修到最后，都要依般若波罗蜜多，才能悟入自性如来大光明藏。别再颠三倒四，窝窝囊囊，好好做个顶天立地的大丈夫吧！"菩提"，觉悟啊！脑子清醒啊！"萨婆诃（读音 suo ha）"，快快觉悟，不要做梦，不要迷迷糊糊了。

你们看看，般若正观修行之路，多么洒脱，多么直截了当。因此今年此次寒假禅修，要大家把密法、净土等等各种修法，统统暂时搁一下。少装模作样，故作姿态，疑神疑鬼。那么你说学禅宗，这才有一点相似。懂了吗？大家昼夜二六时中，如此观照下去，必然顺理成章，水到渠成，进入度一切苦厄观自在菩萨的心中心。下座。自己在座位前向佛、法、僧三宝，顶礼三拜。以无所求之心，一心一意，虔诚恭敬；敬重佛，敬重法，敬重僧，自己才能得益。好了，休息。

（一九八三年寒假讲于台北十方丛林书院）

136

观音法门略讲

南怀瑾先生讲述　释宝生记录

这一次禅修，本来是十方丛林书院同学们自动发心的寒假静修，社会一般人士要求参加，也不准随便进出，一切应遵守禅堂规定。大磬打三声，集体进入禅堂，在自己的位置坐好；再敲木鱼三下以后止静。引磬"叮！叮！叮！"三声下座。真正打坐入定的人，叫不醒他，身体柔软像棉花一样，动摇他身体会受伤害，所以打坐出定要用引磬。

你们到此地来，身心放下，初步练习"静坐"，不可说是来学"禅宗"。现在时代变化太大，禅宗几已不绝如缕，所以这个观念千万不可混淆。至于如何是静坐的姿势，我先请明光法师向诸位报告七支坐法后，再来补充说明。必须先把姿势坐准确了，两足的气脉就容易打通。

佛门"三皈依"，念"皈依佛，两足尊"。在教理上说，佛智慧具足，福德具足，故称两足尊，看来只是理念上的事。其实，这双足气机的流畅，和得身通确实有极大的关系。一般静坐的人，两腿一盘就发生酸、麻、痒、胀、痛、冷、热等等身体内在的感受，都是毛病。《金刚经》上说"降伏其心"，其实"降伏其腿"也不易。假使有人双跏趺坐能够坐上六小时不动，能不能算是腿气脉打通？不能。什么原因？慢慢再与诸位讲解。

其次诸如生理上的种种病苦障碍，如何过关？与心理上第六意识如何起修，而得证戒定慧的道果？这是我这一次寒假静修要求同学用功的方向。

初学静坐，如何达到静？大家不要特别求一个静，姿势坐好，六根不用，眼睛不外视，耳朵听到外界种种音声，虽然非常吵闹，但六根意识不动，与你如同两个世界，毫不相干，闹市就同山林一样，内心自然就静了，何必再去求一个静的境界？当然，自己觉得心里的思想妄念来去不停，这是个问题。大家不要忘记了一切学问修持都从静中来，人性本来是静，动是后天的染污，从古至今，从生至死，始终是静，思想来去你不要理它，也不要欢迎它，不迎不拒，自然"随它落地自成灰"。你越想去注意思想，反而激荡内心的思想，发而成为外在的语言声音，从身心深入体会参透这些道理，慢慢就会进入观世音入道之门。

一上座你不要管自己的妄想，比如街上的车水马龙，我昼夜在此境中，我把它当成什么声音呢？当成海潮音。《法华经·普门品》上说"梵音海潮音"。观世音菩萨道场在浙江普陀山。那海水的浪潮，比现在还要吵；风涛浪起，如同风吹高楼呼呼作响，各种声音都有。但是，你只是听到而不受干扰，不是听不见声音。听不见就如同死人一样？也不是用意去听它，本来现成，不要另外去听。声音来了是动相，声音去了是静相，动静二相只是相对的现象。能听的作用，它不在动相与静相之间，动来也留不住，静来也无所住，能知道动，能知道静，当体即空，一念不生，自然就对了，非常简单。

所以，《楞严经》二十五位菩萨报告自己修持的心得，观音菩萨做总结论说："此方真教体，清净在音闻。"认为娑婆世界众生修观世音耳根圆通法门最好。所谓"圆通"，就是利用耳根听声音来修证。因声音前后、左右、上下、内外、十方无障碍，能够清净圆满通达进入道的境界。希望在座男女老幼共同走观音念佛的法门，不管行住坐卧之间，一心不乱地念去。念念之间与观世音菩萨根根相连，自然亲证观音菩萨"动静二相，了然不生"，到达入流亡所的境界。

说到观音法门，插进一段有趣的事。一般说来，每个宗教，从古至今多半重男轻女，释迦牟尼也不例外。尽管提倡人性平等，一切众生都有佛性，还是重男轻女。何以重男轻女？可从生理上心理上行为上找出原因来，暂时不去讨论它。我常说一件有趣的事，中国道家推崇玉皇大帝，玉皇大帝最后还是崇拜他的母亲瑶池圣母；天主教供奉圣母玛利亚，而佛教中观世音菩萨普遍被崇信。几乎所有宗教最后还是以母教为依归，其理由安在？可以说，每一个宗教都是以"母爱"为人类仁慈博爱的具体表现，非常尊重女性道德典型。

从人类文化思想上看，观音菩萨，在释迦牟尼佛之前早就存在，尤其在东方普遍地被流传崇拜。他比释迦牟尼佛早先成佛，叫正法明如来，本身也是男性。因为同情女性的痛苦比男性大，所以在东方经常以女性来示现，辅助释迦牟尼的教化。尤其在中国，白衣观音非常流行，像佛教中咒语六字大明咒"唵嘛呢叭咪吽"（音 ōng mā nī bāi mī hòng），早在婆罗门教（印度教）已有流传，而且佛教密宗的修法，修法时多半是画十字的，如护身手印，先印额，再印左肩，印右肩，印胸，印喉，如同画十字一样。且学密宗的人，必须先经过灌顶，就大似西方所讲的洗礼。现在更可以证明，在南非共和国，以及印第安人，早就发现流传着六字大明咒，可是很难考证到究竟起于何时。

因此我们可以得一结论：不问形而上道，就形而下讲，上一个冰河时期，人类文化已经统一，可是当精神文明达到最高处时，这个世界就毁灭了，又形成第二个世界，与我们人生一样的悲哀。我们生命的最高成就，多半中年就完成了，老年不过是停滞在中少年的理想，使之变成事实。世间出世间的事业都是如此，每一代每一代累积的经验加上去，始终停止在中少年阶段。人智慧最成熟的时候，是五六十岁到七十岁之间，可是智慧成熟了，就像苹果掉下地来一样，一代一代永远掉下去。所以，我说人类的历史文化，永远只有二三十岁。我们认为东西方文化长达几千年，颇有自抬身价之嫌，这是人类文化一大讽刺，非常可悲。

在佛教地区，西藏号称"佛国"。当年在西藏，有的区域，到了晚上只听到金刚念诵的声音，夜阑人静，家家烤着火，都在念诵此咒。念诵的方法，唇齿不动，舌头微弹，"唵"（ōng）是头部音，"阿"（ā）是胸部音，"吽"（hòng）是丹田音，音声拉长，一口气称念。如我们头痛感冒只念唵音，可以出汗治头痛；念阿音治胸腔病，念吽音治肠胃病。我现在告诉大家这个咒语流行全世界。但中国还流行大悲咒。很多人持大悲咒，与人治病，非常灵效。有人问起大悲咒原来的梵音，如果真正研究梵文，今天全世界所诵的梵音恐怕没有一个人绝对准确，都是根据十七世纪以后的梵文，因此我们暂且不要管发音如何，只要真诚念下去就对了！

再说观世音菩萨与观自在菩萨这两个名号，它们所代表的意义是一还是二？可以说是一，也可以说是二。观自在菩萨有时又化身为大梵天的天主，也穿白衣，他庇荫一大千世界。佛教讲三千大千世界，这个问题研究起来很深，也很多。先简单讲这二尊佛号所代表的修法。观世音菩萨是用耳根圆通修法，而观自在菩萨是用眼睛修色界大光明定。人体内部本来有光，宇宙本来是光，光与音声充满这个宇宙，甚至于到太空。太空里有个黑洞，黑也是光啊！黑色黑光，白色白光，学过科学都应知道。黑光、白光、红光等等，都是光，光波一样，只是分子排列不同而已。等于金刚钻与煤炭成分都是碳，只是原子排列构造不同，普通碳原子排列是不定形，而金刚钻之碳原子排列成结晶形的八面体构造，在高压下方能形成金刚钻。所以，金刚钻融化了，其实与煤炭成分一样。由此得知暗光与亮光，只是光度不同而已。

观自在菩萨是修光，用眼睛起修配合意识；观世音菩萨是用耳朵起修配合音声。这两个法门，我想你们修半天就可以见大效，自然心领神会，身体也得祛病延年，受用不尽。但是，有一点必须先吩咐大家，修这两种法门，可以发起相似的神通，很快可以听到世间以外的音声，甚至可以预先知道要发生的事，你自然会有前知。但如果执着向这一面走，也很可能会走入魔道了。因你福德善行、功德智慧不够，走向神通的路线，道业容易耽误。其实既没有佛亦没有魔，只是怕自己玩弄神通，诱惑众生，怪力乱神，以神通自满而妨碍菩提大道。

如果把菩提大道比喻作一百层楼，玩弄神通可说只到第二层楼，再也上不去。这句话我申明在先，希望男女老幼，尤其是老一辈的道友们都要注意，必须走渐修的路线才有成就。老一辈的朋友们，又有道德，又有学问，那么多年来，我只看到你们垂垂老矣！衰病不堪，大概是修乌漆菩萨法门，一脸乌相。先不讲有道无道，对生理效果应先见效。

佛法是非常科学的实证，因此，大家应各走各的路，个人选定一门深入，至死不变。有人修念佛三昧，那还是依此修；有人持大悲咒习惯，还是持大悲咒；有人念六字大明咒达到一心不乱，则还是念六字大明咒；或修六妙门、白骨观，种种法门都可以，但是，不要变来变去。有人如果有其他信仰祷告，一样地可以各走各的路线，选定一门。或者有人说："我什么法门都用不上路。"那你就用观世音法门。

我现在讲话的声音与外面车水马龙的声音，大家都听到了，但不要注意听它；现在鞭炮声也听到了。鞭炮放过就清净了，本来清净的。这是最粗浅的观音法门，马上可以体会。不管是念佛也好，走任何修行法门，慢慢宁静回转来可以听到自己身体内部的声音，不需做任何功夫。身体内部本来是有声音的，为什么大家听不见？如果从事科学研究，人体血液的流动，心脏的跳动，身体内部音声的震动，却比一颗原子弹爆炸的声音还大。老子说"大音希声"。宇宙运行的声音很大，可是人们自己习惯了，反而听不见。银河系统声音最大，我们人类也听不见。连我们身体内部的音声也是一样听不见。

什么时候你才听见呢？当你睡下去头靠在枕头上，还没有睡着以前，你用手把两耳蒙起来，像包饺子把耳朵合拢起来，此时就听到心脏血液流动声音很大。搭乘飞机时的噪音或在战场上炮弹爆炸的巨声，拿手蒙起耳朵，同样比较容易与外界音声隔离；那时，内在音声就很大。但是，修持观音法门的人，在静态之时，可以听到自己内在的音声；即使在最热闹的地方，还是可以听到自己内在的音声。修持到此地步，身体上的转化，可以到达相当的情况。慢慢听自己内部的音声静下去，血液流动、心脏跳动的音声都静下去，静到什么程度呢？连身体内部的音声都清净了，那时会出现一种非常奇妙的音声。顺便告诉你们，当年我在四川峨眉山顶上闭关时候的经验。

每当夜深人静的时候，在峨眉山顶上，冰山雪地中，夜里起来静坐，万籁俱寂，飞鸟亦无，清净境界，如身游太虚中，安心自在，就像神仙境界一般非常舒适。而且常听到虚空中天乐之音，非常美妙。因而想到庄子所谓"天籁之音"。庄子形容泠泠然、清雅悠美浑厚的音声，那真是闻所未闻的天音。依我的经验，现在虽在吵闹的都市中，心灵一静，天籁的梵音仍然可以听到，与嘈杂的音声毫不相碍。所以恳切希望诸位依此修观世音法门，一定会有所成就。

现在引用《楞严经》观音圆通法门这一段经文，再加以说明：

尔时观世音菩萨，即从座起，顶礼佛足，而白佛言：世尊！忆念我昔无数恒河沙劫，于时有佛出现于世，名观世音。我于彼佛发菩提心，彼佛教我从闻思修，入三摩地。初于闻中，入流亡所。所入既寂，动静二相，了然不生。如是渐增，闻所闻尽，尽闻不住，觉所觉空，空觉极圆，空所空灭，生灭既灭，寂灭现前。忽然超越世出世间，十方圆明，获二殊胜。一者，上合十方诸佛本妙觉心，与佛如来同一慈力。二者，下合十方一切六道众生，与诸众生同一悲仰。

二十五位菩萨，一一起来报告心得，现在轮到观世音菩萨起立自述。先向佛顶礼，然后向佛报告说："我现在回想过去无量数劫以前，那时有一位观世音佛出现世间，我就在佛前发起求证自性正觉的菩提心。观世音佛就教我：从闻、思、修（闻声、思惟、修证）三个阶段去修持，证入如来的正定三昧（三昧就是三摩地音声缩短的翻译）。我从闻思修入三摩地。"他说：我一上座，耳根清净自然听到外界一切音声，乃至呼吸的声音，对于这些音声不讨厌它，也不用心去听它，第六意识不起分别，慢慢静下来，自然听到自己内在生理血液循环流动的音声，再静下来，忘记了所听的声音，就入于能闻的自性之流，忘去所闻的声音之相。"入流亡所"，忘掉所听的音声，乃至于念佛的音声都没有了，内在的声音也没有了，外面的音声也没有，完全清净到极点，再由这了无所闻的寂灭中进修，有声与无声动静两种境象，都了然无碍，却一念不生。我们耳朵听到有声音是动相，注意听到"没有听到的"叫作静相，动相与静相都是生灭相对法，道不在动相与静相上，所谓"动静二相了然不生"。声音来听见动相，声音没有了听到静相；有时当我们很静的时候，忽然又来声音，马上又听到动相，动静只是现象的不同。我们能听动相与能听静相的，不在声音本身，更不在内不在外，不在中间，无所不在，而心里却明明白白，没有动过。动来知道动，静来知道静，能知道动与

145

静这个没有动过，生而不生，用而不用。如此再加以精进，能闻与所闻的作用功能，都涣然冰释净尽！能听声音的本体功能，以及所闻声音的作用，不管动与静，都涣然释然，"尽闻不住"，你甚至于觉得超越跳出宇宙观念的范围，如此，再进一步就可以彻底明心见性，与形而上的道体浑合为一。

"觉所觉空，空觉极圆；空所空灭，生灭既灭，寂灭现前。"我们听声音后面还有能感觉到自己在听的，那个觉性与所觉的声音，能觉与所觉都空掉了，空的境界与自己大彻大悟觉的境界都没有了，能所双亡，尽闻无相的境界也无所住，空与觉性就浑然一体，至极于圆明之境。"空所空灭"，能空与所空的现象也没有；"生灭既灭"，自然就灭尽生灭的作用；于是绝对真空的寂灭自性就当下现前。空去能生能灭的，达到浑然一体圆明道体，所以到此时，呼吸也停了（呼吸法是炼气修脉的方法，它本身是生灭法。凡是生灭法都是现象，不是道体。在此告诉你们一个重要道理，我们念头思想先动，还是呼吸气先动？念头动了气就动了。一个人如果念头完全不动，呼吸自然停止；呼吸停止的时候，身体本能也就完全充电贯满。所以练气功修九节佛风种种呼吸往来的修法是很笨的事，不能完全充电；真正充电的时候，念头完全不动，不呼也不吸，就充电了）。

那么，你把握观音法门，慢慢向内听声音，达到一念不生，身体气脉自然起变化，定力也增加了。因念头完全静止，呼吸不往不来，自然腿就容易打通。坐着舒服极了，不想下座，动也不想动了，坐上七天七夜又有何困难？到此时，形而上的道体自然完全呈现了，突然超越世间出世间所有的境界。

十方世界立即洞彻圆明（十方代表整个空虚宇宙），岂止是天人合一，完全圆满清净一体了。这时，获得两种特殊胜妙的功能：上合十方一切诸佛，本元自性的妙觉真心，与过去一切所有成就的圣贤诸佛，心心相印，同具有大慈大悲的能力；下合十方一切六道众生（天、魔、人、畜生、饿鬼、地狱），与众生的心虑同体。故与一切众生同样具有悲天悯人的行止，不分上下。所以说，观世音菩萨大慈大悲，"观音菩萨妙难酬，清净庄严累劫修。……千处祈求千处应，苦海常作度人舟"。

我常希望女性的道友们，尤其用工不上路，智慧不开、福报不具足的，求求最同情女性的观世音菩萨。男性也一样。古代禅宗很多位祖师，就以专心称念"南无大慈大悲救苦救难广大灵感观世音菩萨"而大彻大悟。有这些先辈做榜样，我们更应效法学习观世音耳根圆通的修法。佛当时教导弟子，一般声闻众也都是听佛的声音而入道、证果。因为东方娑婆世界众生耳根最为灵利，一切修法皆靠耳根而传导，不管禅宗、净土、密宗任何法门，都离不开观音法门。尤其初学静坐，必须由此入手。佛经叫"预流向"，准备证果向此方修；修成功了就叫"预流果"。不由此修想成就道果，无有是处。

尤其高研班的同学们，把硕士、博士学位看得牢牢的，这叫死人守棺材。所有的学问，都是死人的古董，抵不住生死。如果真正放下向此修去，悟道成就很快，那时，世间上的学问自然通彻，甚至于不需博闻强记，念头一提就懂了。当然，见地、修证、行愿三位一体，没有受过好的教育，不要捡这个便宜。各人的根器不同，所以，禅师的教育没有一定。自负高慢者抑之，自卑贱下者扶之，过与不及扶抑之间，应机而施教。

有时驱耕夫之牛，夺饥人之食，不可一概而论。

此次寒假静修，希望你们自动自发地，平常行住坐卧间，多向此中体会。如何打断妄念，启发智慧，修证自己心理行为，不起心动念，真正向此用心，我自然会来指导。平常少闲聊交谈，珍惜自己生命短暂光阴，不要管自己身体上的变化。色身的感觉，也是动静二相了然不生。

（师说法至此时，明光法师突然身体震动，离座连续跳跃，声动座椅。师即以香板击案，赫然一拍云："明光！不要随身动！"当即寂然。）

师示云：明光，不要被感觉受阴所使！这个就是受阴境界。色身的生死，由意识现行习气，追逐色阴而生觉受，到了此时，意识不随它转，受阴也空，就转不动了。色身觉受，没有加上意识去助伴，它如何能转动呢？应自了知此心量同太虚，勿住色身内外而行就受阴，包括身体的忧、悲、喜、苦种种感受，苦痛快感都在其内。懂了此理，此时应即参透。《楞严经》云："当知虚空生汝心内，犹如片云点太清里。"何况十方世界依空而生。有大智慧的人，抓住这两句话修去，何必七天？当下就可成功。

西方极乐世界二大菩萨，一位观世音菩萨，一位大势至菩萨，都是辅助阿弥陀佛用耳根念佛圆通的法门。"观世音"梵云"阿那婆娄吉低输"，从能所境智以立名；万象流动，个别不同；异言殊唱，俱蒙离苦。其宏慈威神，不可思议。于过去无量劫中，已成佛竟，因大悲愿力，为安乐众生，故现作菩萨。"大势至"菩萨中译的意义是"以智慧光，普照一切，令离三途，得无上力，号名大势至"。

　　大势至念佛圆通法门与观音法门相像，有一个重点，必须注意"都摄六根，净念相继"。回转听自己内心所发出念佛的声音，反观内听念佛的声音，一字一念"南无大势至菩萨"，或"南无观世音菩萨"，念念相继，眼睛不外视，耳听念佛的声音，如此一心不乱地念去，也许有人念几十年，念几辈子，都不能得到净念；也许有人很短的时间念到净念相继，马上三际托空，前念已过，后念不来，当体一念，如如不动。不思善不思恶，不思亦不思，念而无念，无念而念，如此定下去，这就是净念。都摄六根，净念相继，一念万年，万年一念，才是真正的唯心佛土。假定中间偶然还有妄念起来，就念"南无观世音菩萨"，念到没有杂念妄想，截断众流，三际托空，正念现前。如此定下去，慢慢转化自己的身心气质，每一根神经细胞都转细润了，修持到受报圆净，自然无烦无恼，坦然解脱，达到四禅八定定境。一道圣光要往生而去，极乐世界就到了；甚至念头转了，十方世界，任意可以居留。

　　如此净修，那是禅净双修非常稳当的法门。永明寿禅师"四料简"说："有禅有净土，犹如戴角虎，现世为人师，来生作佛祖。无禅无净土，铁床并铜柱，万劫与千生，没个人依怙。有禅无净土，十人九错路，阴境若现前，瞥尔随他去。无禅有净土，万修万人去，但得见弥陀，何愁不开悟。"此所谓禅净双修的道理，就是要系心一缘，尽在一句佛号上，昼夜蓦直修去，就到达自心净土与极乐世界阿弥陀佛净土。不要动一个妄念去求，光光相接自然而来；假定不能，在自己内心或出声念，一口气一口气念，念佛时不用嘴吸气，而吸气时用鼻子吸入丹田而到全身毛孔，内心持续净念下去，念念清净，自然会有消息。

假定大家正在妄念纷飞的时候，听到我香板突然"啪"的一声，这一"啪"的时候，自然有一种万缘切断的感受，好像一下愣住了，与平常知觉感受二样，有无比肃静的感觉，这就是逐渐进入系心一缘的道理。这个境界其实每一个人本来都有，因为自己慧力不够，认识不到，现在帮助大家体会认识这一点，如灵猫捕鼠，目睛不瞬，静静看住，不可放开，一直静下去，应该都可以做到净念相继。

从古以来，念佛法门号称三根普被。上根利智大乘菩萨，以及中根声闻缘觉，和下根一般凡夫俗子等，统统接引。佛经八十华严为一切大乘菩萨必修之路，而最后一卷记载释迦牟尼带领诸大菩萨、十方诸佛归向净土，亦叫毗卢性海、华严净海。此所谓"净"，是不垢不净之净。不是世俗所讲净垢之净，也就是一切佛成就的净土。我们了解禅净双修的重要，现在再告诉大家《楞严经》中大势至菩萨报告他自己修持用功的方法，摘录《楞严经》此段经文，大家要特别注意研究。

大势至法王子与其同伦五十二菩萨，即从座起，顶礼佛足，而白佛言：我忆往昔恒河沙劫，有佛出世，名无量光。十二如来，相继一劫。其最后佛名超日月光。彼佛教我念佛三昧。譬如有人，一（人则）专为忆（想），一人（则）专忘，如是二人，若逢不逢，或见非见。二人相忆，二忆念深，如是乃至从生至生，同于形影，不相乖异。十方如来怜念众生，如母忆子。若子逃逝，虽忆何为。子若忆母如母忆时，母子历生不相违远。若众生心忆佛念佛，现前当来必定见佛。去佛不远，不假方便自得心开。如染香人，身有香气。此则名曰香光庄严。我本因地以念佛心，入无生忍。今于此界，摄念佛人归于净土。佛问圆通，我无选择，都摄六根净念相继，得三摩地，斯为第一。

"大势至法王子"，大势至为菩萨的法号，它包含的意义非常大。我们知道宇宙万事万物有一股力量，来的时候谁都无法抗拒。例如我们业报尽了，生死来临的时候，谁也无法抗拒。无法转变诸法无常，此所谓大势所趋。在消极方面说，乃至于一个国家民族世界劫运要来的时候，有时大势至也无法抗拒。上帝与魔王同战，必定魔王战败，上帝胜利，所以一个修持有成就的人，他克服困难，顿超生死之流，证得菩提，功德圆满，智慧具足，也就是大势至菩萨。"法王"为成就一切的圣者。佛称法王，亦称空王。等于尊称孔子为素王一样。"素"即是"净"，"净"亦是"空"。成就十地以上的菩萨位，再辗转修持，由等觉到妙觉位，谓之法王。若在八地以上的菩萨阶段，称之为法王子，等于人世间国王的太子一样。所以，大势至菩萨与观世音菩萨皆是西方极乐世界辅助阿弥陀佛国土的二大圣者，称之为法王子。

"与其同伦五十二菩萨。"与他共修的同伴，有五十二位菩萨。因为大乘菩萨阶梯有五十五位，后三位完全到达佛位，故说五十二位。即从位置起立，顶礼佛足，而向佛自述说："我记得过去无量数劫以前，有一位无量光佛出世，先后十二位佛，都用同一的名号，相继住世教化，达一大劫之久。"此处所云无量光就是指阿弥陀佛的代号。从法界开始直到现世，不晓得多少劫前，阿弥陀早在教化众生。"恒河沙劫"指时间无法计算，比方说中国大陆上的黄河，黄河中有多少沙，每一颗沙子又等于一条黄河，每一条黄河又有无数的沙子，此中数目无法计量。而宇宙无量数劫以前，有位肉身佛住世，像两千多年前释迦牟尼佛应报身在这个世界一样，他的名号叫作阿弥陀佛，翻译为"无量光"与"无量寿"，在此段经文"寿"字不翻，只翻作无量光。

有一点值得特别研究的。阿弥陀佛的光是不生不灭的，无所从来，无所从去，而永恒常在。而一般宇宙间的光，不断地放射和转换，是有生灭、有形相的。爱因斯坦相对论的研究，假设光速是一切速度的极限，那么到达光速时，一切时间便停止了，没有时间的领域，是怎么回事？这些尚是人为的理解范围，至于菩萨的心光无量无边，应念而至，不但超光速，而超时间超空间，又岂是目前物理学所可测知？

什么是光呢？比方太阳光是光，电灯光也是光，一切都是光。白天有光，黑夜也有光，乃至于到达太空里的黑洞也是有光，万物一切都在放光。所以，《阿弥陀经》上告诉我们白色白光，青色青光，红色红光，黄色黄光，一切物体都有光。现代人应有现代的科学知识，才能对佛学了解更透彻。一切万物都在放光，我们人体本身也有光。人体的光有多大？大约两手平伸展开画一圆圈的范围内都是光，可以用摄影机照出来。现在科学已经证明，一个人动好念头放什么光，动坏念头放什么光，绝对看得出来。所以，修持人得正念绝对是清净光明。至于说静坐入定看见放光并不稀奇。所以佛经上常提到佛说法时口中放光，顶上放光，胸口放光，因对不同对象，放光位置有异。一般人不大相信，因为常识不够，我举现成的例子来说明。

平日大家的脸上就有光。有些人皮肤黑得像煤炭，一样黑得发光；修道人气色转好，脸上的光就像桃花色；如果一个人印堂发黑，一路下来黑色无光，一定是将死之人。这是人体光的问题。学医的人，看到人耳圈子发黑知肾有毛病，眼角发黑知肝脏有问题。人体内在有毛病，外在的气色、光就透出来。所以，一个人有没有修持，挂在外面的脸色是骗不了人的。但是，有些人虽然红光满面，并非是道，或许有高血压，这些都要靠自己真修实证过来，才能一望而知。不可再停留在一般宗教性盲目的迷信上。不了解道理谓之迷信。有些人专练眼睛，想修眼通，揭人隐私，不顾自己心行，起歪心思，那坏人头上就有黑光；好人头上有金光或白光；脾气大的人，头上放绿光或红光，都是魔道的光。涵养修持已经到达相当程度的人，头顶上的光就像晴空万里青蓝色的光。这些都是大道理，所以，净土法门也是大科学。

刚才解释阿弥陀佛就是无量光，他的光没有生灭，而我们人世间的光有生灭。大家想想，地球上能源光源大都由太阳来，可是，地球到了北极，北极的时间，半年是白天，半年是黑夜。那半年的黑夜，太阳照不到了。有没有光呢？有光。那不是太阳的光，那叫极光，不靠太阳来。极光如何来？现在科学还不确定，只知它自己会发光，只知有光，自己本身发光。比如，我们假使研究海洋学就知道，海底生物，虽在深海底层黑暗中，许多生物本身都带光。我们知道，太阳光反射不到海底层内，甚至有些植物在地球深岩洞内生长，没有接触阳光，照样长得很好。因此一般探讨地球物理的科学家，认为地球中心，另外还有一个世界，而且地球地心，本身就有光。因此，由地球底层中心本身放出热能，这还有待科学家的证实。

刚才说阿弥陀佛无量光中，他光的能源没有生灭，而世间光有生灭。第二个意义，指宇宙间万象就有万光，而百千万亿不同的相就有百千万亿不同的光。因此，我们称念阿弥陀佛名号，净念相继的时候，自己的心光就现净土，与阿弥陀佛无量光，光光相涵，等于我们点一支蜡烛与无尽的蜡烛光同时相接，一切众生放射净念的心光，与诸佛菩萨无量寿光合而为一，此中蕴藏宇宙无限奥秘，是最大的密宗，也是最大的科学。可是一般学佛的人，实证到的人并不多。何以不发现呢？因为烦恼妄想心念不正，不能得定发慧，因此自性心光不能呈现。若此性光与诸佛如来光光相接，真正达到净念相继的境界，心念自然定在一片光中。那不是太阳光，也不是月亮光，更不是电灯光，且不是北极光，而是自性显现的光明，能超日月光。此光不是太阳月亮光所能比，叫作自性光，自性光每一个人都有，现在大势至菩萨引用超日月光佛的方法，教导我们念佛三昧，以达到自性光的秘诀。请大家注意再看经文：

超日月光佛告诉我们，如何叫作念呢？譬如一人专心忆念着另一人，而另一人却并未如此，这两个人虽然遇见了也等于没有相逢；必须要这两个人彼此互相忆念，时刻不忘，同形影一般不能分离，才有感应。十方一切诸佛，怜惜忆念一切众生，有如慈母忆念子女一样，如果儿子违背了慈母，自己远走他方，慈母尽在想念儿子，又有什么用处呢？如果这个儿子想念母亲，也同他的慈母想念他一样，如此母子二人，虽然历劫多生，也不会永远离散了。俗情谈忆念最深，无过于年轻人谈恋爱时。男女之间，连做梦、吃饭、睡觉都想到他，甚至于偶尔感情不好吵架也想恨恨他，只是两个境界不同而已。那真应了唐人的诗："劝君莫打同心结，一结同心解不开。"

念佛如像年轻人谈恋爱一样地忆念，那就成功了。可是很少人做得到。念几声佛，好像已对得起祖宗八代。所以说"染缘易就，道业难成"。坏事学会很快，学会好事非常困难，这就是众生的业力，由一念无明爱欲来。许多父母兄弟姊妹六亲之间，是多生的因缘忆念来的。此中因果很妙，有说有时候手里抱的孙女，正好是前生的父母；也有许多人太亲爱变成双胞胎；也有前生是冤家，今生成夫妻，天天在一起，别扭一辈子，因果报应比电脑计算还快，都是由忆念而来。忆念力量很大，等于影子永远跟着身体一样，换句话说，我们思想的忆念永远跟生命不会分离的。

这是大势至菩萨拿影子做比方，教我们如何念佛，把我们忆念转过来，不走世间的忆念，他告诉我们十方世界一切成就的如来圣贤，他爱念我们如母亲想念儿子一样，但为什么我们不能见佛呢？世界上有些孩子认为父母管教严格，私自离家出走，不管父母的苦辛，有些听到佛法就大笑逃走了。佛菩萨就想度你又有何用？因你要溜啊！如插电源，线路不通，接不上电源。所以，佛说他有三不能：一、不能转定业。时节因缘未到，不能强求他转变观念。二、佛不能度无缘之人。未能成佛，先结人缘。有人缘的人，到那里不要说话，群众自然喜欢亲近他，影响力量很大。有许多人学问能力相貌样样好，可是别人不喜欢亲近他，因他前生没有结善缘，只为自私自利，将来不但成不了佛，佛也无法度他。因佛的法他听不进去，更无功德善行，如何能见佛？所以，大家要多培养福德善行，多结人缘！三、佛不能度不信之人。信为道源功德母，长养一切诸善根。他智慧不开，对你信心不够，你对他又有何办法？你越告诉他，他反而骂你神经病呢！所以基督教说"上帝全能"这个理论不通。上帝既然全能，为何还有魔鬼的存在？上帝既然全能，为何有人不信上帝？可见，他还有不能。而佛能通一切法本末究竟，彻万法之渊源，而不自号为全能，是有其道理的。

如果众生心里真切地忆佛念佛，像想发财那个心情念佛，或是现世，或者将来，必定可以见佛。甚至不必七天就到了。现前忆念不专，将来永远忆念下去，必定也可以见到佛。科学讲光速的威力，我把它改创一个名词叫"念速"，心念的威力也很大，因为我们众生本自具足自性真心的自性佛，与佛并无远近的距离，只要自心得到开悟——见到自性的真心，自然佛就在眼前，用不着假借其他方法，顿时间心开意解，密宗叫作脉解心开。心脏从外表看有八瓣，像莲花一样，自性光明呈现。自然心脉打开而见佛，就不需要用一个方法求自性光而自然与诸佛菩萨光光相接。

所以念佛法门，必须随时随地念念不忘，犹如做染香工作的人，日积月累，自然就身有香气。比如抽香烟的人，天天抽，自然身上有烟味。你天天念佛不断，身上自然有佛味了！不是装得怪模怪样，而是心境开朗，与人和敬无诤，诚敬在心，念念如佛心，如染香人，久而久之，自身亦发香光味道，何必一定要外形合掌装作样子，因此，这个法门叫香光庄严。

因为心地诚敬，念佛念到脉解心开，本身身上味道就转变成清虚之香。人体本来都有体臭，每个人味道不同。传说外国人闻中国人是羊味，我们闻他们是牛味。有时衣服搞错了，大家闻味道就辨别得出来。有修持的人，身体味道又不同。业力重且将死亡的人，身上味道就转变成畜生味，一闻便知。所以中医诊断四法"望、闻、问、切"，用观色、闻声、问症、切脉，也就知道五脏六腑中是哪儿出的毛病。其实西医用听筒测量心脏跳动的声音，也是"闻"的道理；有些高明医师问问你大便的味道是腥臭或是干燥的，来断定你身上有湿气，还是发炎种种病况。所以，甚至有些修持人，连口水的味道也与一般人不同。

大势至菩萨的报告说，我开始修习的方法，便是从一心念佛，得入无生法忍的境界，现在转生来到这个世界，教化普摄一般念佛的人，归到清净光明的净土，佛现在问我修什么方法，才能圆满通达佛的果地。我对于六根门头的修法，并无选择其利钝的分别心，只要将六根作用，都归摄在念佛的一念，不妄想散乱，也不昏沉迷昧，就是自性的净念。这样念念相继无间，自然就可得到念佛的三昧，才是第一妙法。所以，这一次我要诸位好好修念佛三昧法门，配合静定工夫，一定会有出格成就，愿大家好自为之。

念佛如何得到一心不乱

南怀瑾先生讲述　叶柏樑记辑

一心皈命净土法门

几人念佛得到了一心不乱

要与《药师经》合并参究

念佛是全心全意的想念

举一则念佛的笑话

临终时为何不能念佛

自欺、欺人、被人欺

心头只挂着这一念

穷极呼天　痛极呼父母

『顽空定』的念佛法

但持正念　莫问黑烟

生灭灭已　寂灭为乐

一心皈命净土法门

前些日子，有位长期住在美国修行的法师写信给我，提到一些佛法方面的问题。这位法师非常客气，首先表示惭愧，恳切地求佛忏悔。因为当年他离开台湾的时候，在修持上仍有许多疑难没有解决，亟待澄清，内心中不无挂碍之感。他为了学佛修行，已经在林林总总、各式各样的法门中，摸索了大半辈子。本来学教理，研究经典；后来改修净土，然后再习禅定；接着又学密法，大概黄教、红教、花教都去凑凑热闹，经过一下。如此天南地北转了一大圈，现在又回到老路，专修净土法门。

在信上，他以为我大概很反对他这样的做法。我说，我很高兴你遍学一切法，因为你把天底下所有的法门都摸过以后，再也不会胡思乱想，因好奇心的驱使而定不下心来。反正什么都学过啦，人生的各种滋味——酸甜苦辣大致都经历过了，五花八门、千奇百怪的玩意儿也差不多都玩过试过了。——那么，我说你现在正好放下一切，死心塌地，一心归向净土。

这位法师接到我的回信，马上再来信说，他把我的信打开一看，哭了。他说想不到老师从来没有抛弃过我。其实，我从来也没有关照过谁，抛弃过谁，待人接物一切都是随顺自然，依本分而行。于是我建议他，你还是回台湾来，我找个地方给你专心修持。而他认为自己自从大学毕业出家以来，身体一直很虚弱，虽然多年来尝试一心一意用功修持，如今毕竟感觉到自己业障深重，必须先切实忏悔，希望业障减轻一点后才回来看我。又说他念佛总想得个一心不乱的三昧，却无法做到，这一点很慎重地要我为他开示。

像这一类信件，从海内外各地寄来的很多。我也常常为这么一大堆来信感到头痛。有时觉得这些信搁得太久了，实在应该答复一下，三更半夜独自坐在书桌前，一处理就是两三个钟头。写文章很麻烦，虽然我下笔不慢，但毕竟多了，应付不来。所以常常引用清朝诗人吴梅村的两句名诗自嘲："不好诣人贪客过，惯迟作答爱书来。"不喜欢去看别人，拜访人家，倒贪着别人过门来访；习惯拖延时间慢慢回信，却希望朋友多多写信来。这是古人的情况，邮政通讯并不发达，现在这个社会不行了，往往看到信函就头大了，信上一定有什么疑难的问题吧，因此这位在美国的法师的来信，也摆了好几天没有回复。

前天，从智法师跟我说，十方念佛会的会员说到老师好久没有跟大家结缘了，他们很希望老师能抽空给大家说几句话，我想，这位在国外的法师要我为他说明念佛怎样才能得到一心不乱，倒是一个现成的题目，我说就拿这个讲讲如何？从智法师听了，笑得嘴巴都咧开了，连说好好，我们都喜欢听。于是我要他在我讲演的时候，录下音来，寄给美国这位法师，免得我又花时间写信。现在的谈话等于我和这位出家朋友在对话，提供他一点念佛修证的方法和意见。

几人念佛得到了一心不乱

我们念佛修行，要念到一心不乱，这是很起码的要求。但是古往今来，究竟有多少人念佛真能念到一心不乱、得到三昧正受呢？恐怕很少，对不对？我想大家也有同感。如果真能念到一心不乱的话，往生西方绝对没有问题，甚至不生西方，就在今生今世进一步证得一个果位，那也是很容易的事。

同时，我们也应了解，一心不乱不光是念佛法门的初步目标，其他任何修行方法，基本上都要做到一心不乱。即使修学一切外道功夫，也同样以此为追求的对象。所谓外道并非骂人的话，不是排斥佛教以外其他的宗教。依佛经言，凡是不识本心，心外求法，皆是外道。因为天下任何事情都是这个心所造作，你学密宗也好，念佛也好，参禅也好，全由这个心在施为。像一般道家的守窍练气等等功夫，基本上要想得到成就，也非得做到一心不乱不可；甚至于普通世间的各类学问技艺，同样讲求聚精会神，心无杂念，否则很难有大成就。一心不乱的功夫就有这么重要。

进一步说，假使真证得一心不乱的境界，继续精进不已，那么，到达最高的成就，便成了佛。成了佛自然一心不乱，但是这个一心不乱，同念佛法门初步意识上修得的一心不乱，是大有差别的。因此，我们可以说，一心不乱包括由最初念佛的一心不乱，直至最后成就佛果的一心不乱，而此二者之间的界限和差别，在哪里呢？

我们要了解，由于古代中文词汇不足，因此佛经上这个

"心"字,有时是代表我们凡夫散乱的感情思想,所有的胡思乱想都叫它作心,也称为妄心或者妄想,这个虚妄不实的东西,非常困扰人,让一切众生永远生活在烦恼痛苦之中,不得解脱;有时这个"心"别有所指,代表圆满无缺的"真如"道体,即是法界全在一心,或者一心包含一切法界。"法界"为佛学专用名词,普通学术上称为"宇宙"。宇宙代表上下无穷尽的时间,以及四面八方无量无边的空间。这观念已经令人感觉很大了,但是佛学在翻译上并不采用,改以"法界"称之。法界的含义更为广阔,涵盖了宇宙这观念。因此,最终真正究竟的一心不乱,不是在意识妄想心的层面上,而是法界一心,一心法界;也等于所谓的"真如法界"。禅宗祖师们常言"心即是佛,佛即是心",又说"心外无佛",意思都是一样。《华严经》云:"心、佛、众生,三无差别。"这心佛众生三无差别的境界,正是最后彻彻底底的一心不乱。

一心不乱就有这两种层次上的分别。刚开始修行时,不管是学禅学净、修密作观,所追求的功夫,都是属于初步的一心不乱。这个初步的一心不乱,依我们现在的平常用语来讲,便是做任何事情,在任何状况之下,都要精神完全统一,注意力绝对集中。如此,修行才能建立起强固的基础。

要与《药师经》合并参究

这番道理我们了解了,现在再回转来谈净土宗的念佛法门。念佛法门,几千年来在中国各阶层的民间社会,流传非常普遍,所谓三根普被,指上等、中等、下等三种不同根器的人，皆适合修习。这是以聪明才智的高下所做的一种权宜分类。我们中国佛教的净土行者，不论三根之别，皆着重持名念佛的修习方式。持名念佛所依据的经典，我们大家都晓得是净土三经中的小本《阿弥陀经》，行者要念"南（nā）无（mō）阿（ā）弥（mī）陀（tuó）佛（fó）"，阿弥陀佛的阿（ā），最好别念成（wō）音。ā 是开口音，和 wō 的发音差别很大。念时"阿——弥——陀——佛"，各字音节若稍微拉长一点更佳。这一个要点，我曾经再三讲过，希望大家不要忽略。

我们所念阿弥陀佛的名号，是梵文的直接翻音。这四字主要的含义是"无量光寿"，光明无量，寿命无疆，永远不生不死。所以，念阿弥陀佛，不只是与死人之事有关，也影响到生的一面。其实，阿弥陀佛也称长寿佛，与东方表法的长寿佛"药师琉璃光如来"，彼此合一，一东一西，互通声气。东方西方本无差别，地球是圆的，法界是圆融无碍的，根本没有东西南北之分，有分别是凡夫众生的心量所建立的相对观念。在法界一心佛的境界里，圆融无碍，超越一切时空的限制。因此，我常建议诸位，将《阿弥陀经》和《药师经》二者合并参究一下，会有更深一层的体会。念阿弥陀佛也可以使人再创生命的生机，使你去恶为善，消灾延寿，克服苦难。万一时候到了，一口气不来，还可一念往生西方极乐世界阿弥陀佛国土。

那么，念佛法门的念，到底是怎么个念法呢？这严重了，必须认识清楚。我们现在一提到念佛，大部分人一定马上想到阿弥陀佛，同时便张开嘴巴念出声来，好像没有念出声，不算念佛，这是一种错误的观念。

我们念"南无阿弥陀佛"，有时发出声来，因此在中文"念"字旁边，加上一个口成"唸"，表明是靠口的作用发音，用嘴巴来念佛。但是我们应该晓得，真正念佛的这个念，其实只要在心里想，便是"念"了。想念想念，"想"和"念"二字是同义语，二者合成一个词。譬如我们中国人讲话，遇到一个久不见面的朋友，往往说，哎呀，我好想念你喔。这个想念，同初步念佛的"念"，是同一回事。现在社会许多家庭，不管有钱没钱，儿女长大出国留学的很多，剩下两个老人家，坐在电视机前，孤零零打发日子，很可怜。这种对儿女的深深思念，在我们学佛的人来讲，我想恐怕比念阿弥陀佛的念，还来得刻骨铭心，还来得真切。念佛要如思念自己心爱的亲生儿女一样，朝思暮想，时时刻刻挂在心头，如此才容易上路。否则，光是嘴巴表示念佛，心不在焉，那是口说无凭的。

念佛是全心全意的想念

再进一步说，凡是我们的思想念头，以及开口讲话、动作行为等等，在佛学上皆属生灭法。有生就有灭，生生灭灭。当我们念阿弥陀佛，阿弥陀佛的念头一下已经过去了，消逝得无影无踪。或者嘴巴一字一字将"南无阿弥陀佛"念出声来，一个声音一个念头，南——无——阿——弥——陀——佛，由南字开始，字字随起随灭，念头和声音此起彼落，乍生乍灭，了不可得。这等于静坐数息观、练气功一样，一呼一吸，一来一往，全是生灭法的现象，有人竟以为这就是道，认错门路，在那里玩弄自己，糟糕透了。

佛说："诸行无常，是生灭法。""行"不只指外在的动作行为，内在的思想念头也是行。思想是没有表达出来的行为，行为是表达了的思想，思想就是行为。"诸行无常"，一切行为语言动作，一切内在思想情绪起伏，所有宇宙间有情无情的存在现象，皆是变动不居，难以长久的。因此，"是生灭法"，有生便有死，有来便有去，同样有死也会有生，有去也会有来。所以佛又说"生灭灭已，寂灭为乐"。"寂灭为乐"便是极乐世界的境界。不生不灭，念佛念到念头不生起；念头不生起，当然也就没有所谓的消灭，彻底的清净，什么牵挂都没有，清明自在，坦然无住。这种境界最乐，故名极乐世界。

我们念佛一定要认清这个"念"，是全心全意的想念，不只是口宣佛号便成。几十年来，我看过许多人念佛，有一次在一个地方主持一项活动，有位念佛的老太太念佛已达四十年之久，这种毅力真了不起。她在我前面走过，一直阿弥陀佛、阿弥陀佛地念个不停，恰好旁边有个年轻的女同学，不大注意礼节，坐在那里两脚分开，不成规矩，很难看。这位老太太每次转到她跟前时，阿弥陀佛、阿弥陀佛的念声便变了调，意思是提醒这位小姐将脚摆正一点，但是又表示自己没有中断念佛，而且也不是在骂人。你看看，这种念佛方式能得一心不乱吗？看到别人咳嗽，心里讨厌，口中就念阿弥陀佛；看到别人不合己意，也不喜欢地念声阿弥陀佛；这算念个什么佛呢？你干脆骂人好了。

所以我常说，我们中国人的念佛很有意思。有时候在街上看到一个人不小心跌倒了，旁人"哎呀，阿弥陀佛"的那一声，意思是说摔得好，摔得漂亮，你说这不是用阿弥陀佛在咒人吗？这样子的念佛有没有用？有用。但不是我们念佛为求一心不乱、为求往生西方极乐世界者所应效法的。

举一则念佛的笑话

有个笑话说到一位老太太在家里念佛，阿弥陀佛、阿弥陀佛，整天念个不停。她的儿子年轻，并不大信佛，虽不反对妈妈念佛，却又因房子不大，自己又要读书做功课，常常被吵得无法专心用功。后来，这个儿子实在按捺不住，便想了个办法。当他妈妈念佛念得一心不乱的样子时，就在旁边连叫："妈、妈、妈、妈……"老太太听了，便停下来问，干什么？儿子这时故意闷声不响，继续做功课。老太太看儿子没有动静，又自己念起佛来。然后，这个儿子又等她念得很专一时，重新又"妈、妈、妈……"连声地喊起来。老母亲一听，赶快回过头来说：干吗、干吗！这下儿子又默不作声了。如此，老太太很不高兴，又开始念佛，儿子隔了一会儿又叫"妈、妈、妈"。最后，老太太实在火大了，发了大脾气，你好讨厌，有什么事要讲就讲，我正在好好念佛，你吵个什么呀！儿子这时才说："妈妈，我还是您亲生的儿子，只不过这么叫了您几声，您就发脾气，受不了。如果这样，那您每天从早到晚阿弥陀佛念个不停，那个阿弥陀佛不要给您气死了吗？"

这个故事看似反对念佛，其实却可作为我们念佛的好教材，了解怎样才是真正的念佛。

我的朋友很多，老一辈的，五六十、八九十的都有，年纪一个比一个大，血压一个比一个高。"你几岁了？""七十好几了？""最近好不好？""心脏怎样？""血压怎样？"个个离不开这些可怜的话题。人家问我这类事，我说我从来不去量血压，从来不去检查，这一部肉做的机器，给你使用了几十年，已经很够本了，难道还不满意吗？为什么又插管子、又抽血、又挖内脏组织，然后拿去实验室化验，验了结果宣布没有问题，这才松了口气，笑一笑。但是，到了明天、后天，说不定有了，这又怎么办？真是有了癌，你听到，还没病死，都要先吓死了。

临终时为何不能念佛

这些是开玩笑的话，生病当然应该看医生，可是一个学佛的人，对于生死也不必看得那么严重，洒脱一点多好。像我的生活方式，也许血压天天高，自己知道，事情太忙了，一整天少有休息，如此下来血压怎么不高？血压高过了头，事情还没做完，说不定笔还拿在手上，咔嗒一声掉了下来，就那么走了。然后，同学们忙着写讣文，什么"为法忘躯"啦，一大堆赞美之词跃然纸上，说老师是在写佛书时，拿着笔坐化了的。别人一看，以为这道行很高，却不晓得是血压高。

所以，几十年的老朋友在一起见面，那真可怜，"访旧半为鬼，相悲各问年"，问老朋友他到哪里去了，到阴国报到去了，哎呀，很难过。这"哎呀"一声，不只是为别人叹息，也可能为自己担忧。最近有个老朋友，吓唬另一个出国刚回来的老朋友说，南老师叫你来打打坐，多运动运动，不然身体不行。这位老朋友听了，赶快规规矩矩地来打太极拳。来了几次以后，便问别人说，奇怪，我到南老师那里，怎么始终都没看到某人。别人告诉他，某人不是有发帖子给你，你没收到吗？没有啊！是什么帖子？于是有人回答他说，某人现在已经到了"阴国"，发帖子请你去。这位老朋友一想，不对啊，他到"英国"去干什么？又干吗给我帖子？这样闹了半天，才晓得某人在他出国期间死了，别人跟他开玩笑，弄得他哭笑不得。

一般人对于生死问题是看不开的，不但生病时窝窝囊囊，哎呀哎呀叫，让在旁边照料的亲友心惊肉跳；死时更颠颠倒倒，痛苦得很，自身做不了主，拖累了别人。我们学佛念佛，无非是要突破生死的限制，解脱生生世世的轮回之苦。

有些朋友，真不行了，到了临终的时候，我去看他，一家人围着病床哭哭啼啼，伤心落泪。我说老哥啊，念佛吧！病人有气无力，很可怜地说，念不起来。我说怎么念不起来呢？你不是学佛几十年吗？但是，他念不起来就是念不起来。我说你还会讲话，他说是啊我现在在跟你讲话。嘿！这不就是了吗？既然会张口说话，怎么念不了佛？还直说不行不行。况且，我叫他念佛，他说念佛念不起来，其实不已经想到佛了吗？就这一念把握住就对了，可惜自己平常没有弄清楚这个观念。

病人说不行不行，你说他不行了吗？真的不行。明明话会讲，为什么念佛的念头转不过来？这个关键，诸位要好好注意。说话和念佛都同样是自己的心在发生作用，又有什么难呢？只怪平常念佛，对于什么是念佛这一念，糊里糊涂，嘴巴念念就算，白白错过往生西方的机会。

自欺、欺人、被人欺

什么是念？念有时也可以代表心。我们的生命，可分成两部分，身体上的感觉和思想上的知觉。二者合拢来，就是心，就是念。我们晓得，佛经上经常说"一念之间"，一念之间是什么？我们人坐在这里，不要做工夫，自自然然地呼吸，不呼吸就死了。气一呼出，不再进来，或者吸进来，不呼出去，生命便要死亡；呼吸一来一往，一进一出，这生命才活着。生命就是一口气。

一口气一来一往，一呼一吸之间，依佛学讲，叫一念，而这一念还是粗略而言。这粗的一念，一呼一吸之间，究竟包含多少感觉思想呢？佛经上说，一念之间有八万四千烦恼。这就要靠大家去体会了。佛绝不会说谎，佛是真语者、实语者、如语者、不妄语者。譬如我们的脉搏跳动，一分钟七十几下，每跳一次，究竟有多少思想念头生灭呢？很多很多，只是一般凡夫自己察觉不出而已。

以写信、写文章为例，刚画了一划，下面几笔还没添上，这之间已经有许多的念头过去了。思想的速度快过手中之笔，太多太多了。所以有人写文章，往往对着白纸写不出来，那是因为思想念头过于杂乱之故，手上无法整理出一个头绪来。

像我现在讲话，大家在听。我一句话还没讲完，脑子里已不是原来这一句话，早想到下一句，许多接下来的话，接二连三闪现。诸位听讲也是一样，话一入耳，心里早已引生了许多念头：他这样讲对不对？他还真有两下子，蛮会吹会盖的！短短的一句话之间，就有这么多细微难察的念头生灭。

那么，我请问诸位，你们光是靠口中"南无阿弥陀佛"六字洪名，想了断生死，往生西方，而实际上心中却掺杂那么多生生灭灭的妄想杂念，并非真正念佛，这样成吗？所以，念佛绝不会白念，但是糊里糊涂混日子的人却不易得力。明朝有位学者说，任何一个人，一辈子只做了三件事：自欺、欺人、被人欺。人一出生就反反复复做这三件事，直到死亡。一辈子自我欺骗蒙盖自己；再不然哄骗人家，哎哟！我念佛念得好好啊！你赶快跟我去念，念佛真的很有意思，实际上自己满腹牢骚，天天烦恼。这不是自欺欺人吗？而那个莫名其妙跟着赶来凑热闹的，便是被人欺。此人生之三大事也。

我们念佛，却不明何谓念佛，这是自欺，自己辜负自己。那么，什么才是念佛的那一念呢？现在我做个比方，你欠了人家的账，明天三点半前不将足够的钞票存入银行，人家那张支票轧进去，就要退票，你自然成了票据犯，隔不了多久法院要请你到看守所去坐坐。可是明天实在凑不出这笔钱来。此时你坐在这里念佛，心里直挂着明天那张支票，三点半一到，怎么办？那真是牵肠挂肚，忧心忡忡，念念不忘，整个心都悬在这件事情上面，无法忘怀。像这样子的念，才是我们念佛所需要的。

心头只挂着这一念

又如年轻人恋爱，追求异性。虽然坐在此地听课，心里头还想着他（她），现在不知到了哪里？干些什么？在西门町电影院门口？或者公车上？还是跟别人去玩了？如此坐在这里，心中七上八下，整个思想都被对方的影子盘踞住了，痴痴地想，挥也挥不掉。这是思念，我们念佛也要这样，天天想着阿弥陀佛，时时刻刻惦记着他，乃至不需这四个字或六个字的名字，心里头只这么挂着这个念——佛，成为一种习惯，那就对了。

有时我问同学："你有没有念佛？""有啊，老师。我一天念两次哪，一次五串念珠，一串一百零八个，一天总共一千零八十次。"好像在算钱数利息一样，这不大对。我念佛不大计数，一念一念就顺下去了，管它是多是少，一念一口气就能一心不乱到底嘛！所以，念佛可以用念珠帮助，但是不要太过着相，斤斤计较数目，反而用错心思，多可惜。

我小的时候，家在乡下，看到那些老太太们念佛，许多都是拿张纸，纸上有好多红色圈圈，一边念"南无阿弥陀佛"，一边手中拿着麦草管，沾一点黑墨水，一百零八遍便在圈圈上点一下。我家的一个老佣人，也是一样。我们从外面回来，她看到了，一边念佛一边说："你回来了，少爷！阿弥陀佛、阿弥陀佛……很好玩吧？"我说："好玩。"她说："阿弥陀佛、阿弥陀佛，好玩哦！很好很好，阿弥陀佛。"然后念了几句又说："你坐一下啊，我等一下就给你烧水泡茶！等我念佛念完了，阿弥陀佛，阿弥陀佛……"接着举起麦管在纸上轻轻点一下。

那时年龄还小，觉得很好奇，就问："哎，王婆婆啊，你这么念着干什么？为什么有这么些纸？"她答道："哟，少爷你不知道，这些将来要烧。这一辈子已经这么辛苦，花了那么多本钱念佛，都登记下来，死了以后，总要给我一条大路好走吧！再不然来世投生时，我念佛的记录都是钞票，可以到处送红包，也好找一户好人家投胎。"你看看这种观念，跟真正的念佛有什么关系呢？小时候这样子的看得很多，我的老祖母信佛很虔诚，但是她又何尝不是如此。

穷极呼天 痛极呼父母

记得我十一岁时第一次出远门，到城里读书，由家里到城里，只一天的路程，根本微不足道。但是全家人都伤感落泪，好像是很严重的离别，手帕都来不及擦。我自己也难过，因为从没出过门。有人恶作剧吓唬我，看到城门一定要跪下来拜，因为城门有门神，否则进不去。像遇到这种痛苦难过的时候，或者有什么惊吓，我便自然而然念佛，念"南无阿弥陀佛"。谁教的？没人教，这纯是受了家中祖母和母亲的影响。

韩愈说过两句话很有道理："穷极则呼天，痛极则呼父母。"一个人穷困无立锥之地，没钱穿衣吃饭，到了没有办法的时候，就喊我的天啊！有时候不小心受了伤，或是给人打伤，痛极了，"哎呀我的妈"，自然呼叫出来。人一到紧急危难的关头，这一念强烈的寻求依靠之心，正是我们念佛求生西方的根本。要以这样的心境来念，才是真正的念佛。

此时，念佛不一定有"南无阿弥陀佛"的佛号。直到严重危急时，阿弥陀佛一字一句没有了，只剩挂着阿弥陀佛这一念，一个佛的观念深深印在心里，作为依靠。若是临命终时，就以这么一念，决定往生西方，莲花化生。

我们念佛，如果不懂这个道理，全然想以凶猛地念阿弥陀佛佛号，求得一心不乱，那永远也没办法达到。因为你是用散乱心在念佛，一字一声，一句一句，皆是生灭法。生灭法便是散乱。

再说，我们以十声念佛法为例，你手中拿着念珠，念呀念，是否能在十声之内，中间插不进来别的妄想？不可能。即使你察觉不出有别的妄想，心里还在数，还是散乱。若说只以手中念佛珠的滑动来帮忙计算，一颗一颗数至十颗，这中间五句也好，四句也好，一句一句，一字一字之间，没有其他念头冒出来，这才算有点苗头。然后，又由第十声开始，倒推念珠，十、九、八、七、六、五、四、三、二、一。如此，一来一往，类似数息观的修法，久而久之，练到其他杂念不生，只有清清楚楚的佛号。那么，你说这就是一心不乱了吗？不是。因为你尽管只用佛珠，不注意数字，但是一圈念完又一圈，你全晓得，还是有数的观念。况且，手在动，身体在动，也是念。身体的感觉还是念，念包括了身心两方面的活动。真正念到一心不乱，那完全只剩一句佛号，其他什么身体感觉都没有，忘掉了。"生灭灭已，寂灭为乐。"

"顽空定"的念佛法

当年我在大陆喜欢跑庙子，杭州一带的寺庙都熟得很，认识很多和尚朋友。像杭州的花坞，在当地也算是著名的风景区，密布了大小庵堂。很多富贵人家的小姐出家，或是带发修行，都集中在这一带。一个尼姑一个庵，顶多两三个姊妹朋友住在一起，像个公馆，生活不靠化缘。里面布置得窗明几净，格调优雅，不准闲人随便进去。

就在杭州灵隐寺旁的一间小庙，我同一个和尚交情很好。有一次，我问他有没有好方法，可使念佛或者打坐容易入定？和尚说：有啊，但是我不能教你，因为当年学的时候，在师父面前跪着发过誓，这个法不能讲的。我说那跟外道有何不同？他连忙说，不是不是，不能讲是因为你根器好，教你这种法，怕耽误了你。这位和尚太爱护我了，这些话等于替我戴高帽子。我说算了，你别把我看得那么高，我这个人人小、眼小、鼻小、心更小，成不了大事，你就将这小法教给我。况且大由小做起，积小自然成大，何必藐视小法呢？

最后这位和尚朋友拗不过我，只好脸色一正，很严重地说，这叫顽空定，虽能得定，但等于冥顽不灵一样，类似本师释迦牟尼佛当年跟外道所学的无想定，不能随便教人，现在既然你这么讲，教你无妨。于是慎重地上香供养，我也跟着在佛前顶礼磕头。然后要我在佛前盘腿而坐，我说这干吗？他说打坐念佛。怎么个念佛呢？念"南无阿弥陀佛"六个字，声音在体内由头顶往下沉，每个字音稍稍拉长。南——，念"南"时声音开始感觉下沉，身体放松；无——，更下沉，更放松；如此，阿——弥——陀——，接连下来，到了"陀"声音差不多降至腹部。然后，佛——（以两唇轻而松作呼音），有如放长气一样，由腹部放下去。这一放，放到地下，放到十八层地狱，放到地藏王菩萨那里，一路直透下方世界，无比虚空之处。

我一听，认为有理，便依法行事，照念无误，不消一会儿，便达忘我之境。此法虽是顽空定，当时这位和尚认为不可以传人，但后来我倒觉得这个方法很好，尤其有益于现代人常患的高血压症。现在他人已涅槃，我就代他转做功德，告诉大家作为助道法。

依此修法，万一念到佛字时，觉得声音和气沉下去又溢回来，那便重新再来，反复练习，直至意识澄清平静，然后再以一般方式念佛。那么，这样念佛能否达于一心不乱呢？还不能。

但持正念　莫问黑烟

我常引用佛国禅师描写《华严经》善财童子五十三参，其中两句偈子，作为同学们的参考："有时且念十方佛，无事闲观一片心。"上句代表初步一心不乱的念佛法门，下句则是成就真正一心不乱的念佛法门。"有时且念十方佛"，说明全心全意念佛，将佛深深印在心上。"无事闲观一片心"，念佛念到念而不念，不念而念，杂想空，佛号也空。此时真正进入念佛境地，"生灭灭已，寂灭为乐"，同于《维摩经》云"心净则国土净"，净土自然现前。

那么，念佛如何一心不乱呢？我们大家念佛时，几乎都是边念边打妄想，妄想多了就自怨自艾，以为罪过。不念还好，越念越想，越想越气，越气越念。最后胡思乱想克服不了，干脆放弃，自己讨厌自己，念也白念。一般念佛的情况，大致不离此等现象，落在贪、瞋、痴、慢、疑、悔诸种恶习中。

其实，念佛别怕妄想，不要后悔，不要怀疑。首先应相信自己念佛一定成功，绝对往生西方，什么妄想不妄想的，何必挂虑！

现在我们点根蜡烛，大家看看，这根烛火在亮，同时冒着黑烟，亮光愈大，黑烟也愈大。我们心念的状况正是如此。一边念"南无阿弥陀佛"，一边习惯性地乱想，乱想等于黑烟，"南无阿弥陀佛"则是光明。光明不畏黑烟的存在，乱想无碍正念的持续；黑烟尽管冒，光明一直没有熄过，这不也是一种一心不乱吗？为什么要大惊小怪，疑悔交加呢？这样一讲，可安心念佛了吧！

例如，我们上街走路时，道路两边来来往往的车辆和行人，川流不息，这对你有无妨碍呢？没有。所以，你念佛只须一路念去，其他妄想杂念：哎呀，今天股票不晓得跌价没有？阿弥陀佛。明天房子卖不卖得出去？阿弥陀佛。李大婶那边的利息下次应该收回来，阿弥陀佛。这样，又想专心，又打妄想，一边惭愧，一边盘算，反正只要你中间这条路，阿弥陀佛、阿弥陀佛，一路前去，向着目的地，不管街上人多人少，规规矩矩直往前走，终会到达。念佛之理就是这么简单，毫无难处。

所以念佛，任何人都可做到一心不乱，本来已是一心不乱，何必另外苦苦追求！至于全然炉火纯青的一心不乱，有如火光到达最强烈的高温，变成青色青光，没有余烟。功夫深时，一下"南无阿弥陀佛"这一念就突然定住不动了，再也

念佛如何得到一心不乱

不需要第二句佛号。"一念万年，万年一念"，忘记身体感觉，或者知有身体，但动不了。此时，有些人竟然害怕，咦，身体怎么没有了？怎么不能动了？又自我故障，自寻烦恼起来。何苦嘛！既然念佛，还管身体如何如何，要死便死，一念往生西方正好。其实这是念佛得力的正常现象，非关死亡，何足怪哉！

生灭灭已　寂灭为乐

我经常告诉许多朋友，求生不易，求死也难。上吊、跳水、切腹、吃安眠药，没有一样好死。"千古艰难唯一死"，谈什么学佛做功夫，念佛打坐，多了不起，别吹牛了！生时没有痛苦烦恼，快快乐乐，穷也穷得心安理得；死时不拖累自己，不麻烦别人，这已是世上第一等人。

我看到许多财势两全的人，躺在医院两三个月，吊个氧气筒，颠颠倒倒，半死不活，苦了自己，也累了别人。至少朋友得来来回回，多跑几次医院探望。其实，看也死，不看也死，但是又不能不看，不是做给死人看，是做给活人看哪！这就痛苦了，对不对？我讲的是实在话。所以，我如生病不希望别人来看我，别人生病即使去看他，也不多留恋。一到医院，看看好了一点，那么，再见吧，自己好好保重。若是不行了，还得赶快回去准备挽联。生命就是这样，要放下，看开。

因此，念佛不可有任何挂虑。这一念，念至最后没了，"南无阿弥陀佛"的佛号，忽然空了，这时正是真正念佛，穷紧张个什么呢？"生灭灭已，寂灭为乐"，这一心清净空灵正

177

是净土初相，道理不明者，反而大惊小怪，心生恐惧，自毁功勋，与"叶公好龙"同样可笑。叶公是春秋时代的一个小国王，一生好龙。他皇宫的柱子墙壁，雕的画的，都是龙，连睡觉的床铺也刻龙，真是迷恋得不得了。结果感动了真龙显形，特地现出原形来与他相见，叶公一看一条活生生的大龙飞到他面前，哎呀，一吓便吓死了。

所以，念佛念到一念清净，身心俱忘，不要怕，继续定在此种境界，愈定功夫愈纯熟，念念清净，念念你在佛心中，佛也念念在你心中，久而久之，无相的无量净光自然现前。所以，一心不乱怎会达不到呢？凡夫皆可做到。只要好好提起一句阿弥陀佛圣号，念头一现，已是一心不乱了，何必再求，只是功力火候尚不纯熟而已。

念佛时旁边起杂念，杂念同你有啥关系！妄想尽管妄想，念佛尽管念佛。念佛和妄想等于两兄弟，老弟再怎么调皮捣蛋，只要这个大哥哥自己一路照应好，老弟如何作怪都无妨碍。即使乱想想到坏事，阿弥陀佛的正念已经叫醒了它，已经自觉，何必担忧呢？

此等一心不乱的境界，其实不难。至于念到究竟的法界一心不乱，那便是智慧成就，大彻大悟，一切众生本来是佛，一切众生皆在佛心中，佛也在一切众生心中，心、物、众生、佛，四无差别。修到、悟到、证到如此境界，非但天人合一，虚空即我，我即虚空，而且天地与我同根，万物与我一体。这才是真正的法界一心，一心法界。念佛能念到此等地步，不一定学禅，不一定学密，不一定研究什么天台、华严，一路到底就行了。

今天就同大家报告到这里，也算是对那一位在美国的和尚朋友做了交代。这个三根普被的念佛法门，人人可学，人人得益，希望各位不要忽略。谢谢。

（一九八三年四月二十四日讲于台湾十方念佛会）

带业往生与消业往生

南怀瑾先生讲述　陶之记录

一

今天应洗尘、显明两位老和尚暨本院从智、明光两位法师之邀，指定讲述"带业往生与消业往生"这一专题。

在座也许有已成就的菩萨或阿罗汉，而本人为一道地凡夫，却冒昧地来谈此无上乘的重大问题，极为惶恐，然承诸法师们之命，而又无从推辞。

每次应邀演讲，我都感觉好像回到学生时代，接受口试时的紧张，兢兢业业，不知所云。现在也是以此同样的心情，来讨论这个问题。

关于这个问题，已经传闻两年多了，也曾有人当面问及：到底是"带业往生"，抑或"消业往生"？每当我听到这个问题时，只有报之一笑。因为我觉得这个问题，不应该成为问题，只在修持的人，自己去研究参详，自求解答。一直到最近，听说佛教界，已对这个问题，发生严重的争论，本人觉得自己很不成器，素来不愿参与争论。又认为这种争论，有点近乎可笑。大家好好修学便是，还有什么可争论呢？近日又听到也有法师们参与此项论辩，而且各有主张：一部分主张"带业往生"，一部分主张"消业往生"。乃至有人指称本人也赞成某一主张。我立即告以我并未曾做何主张，而且素来不参加这类纷争，更何况提出任何意见，因此有人就本题上，追根究底，迫不得已，曾做过一两分钟的简短谈话。于是，两位法师们，要我做一详细报告。今天和大家讲这个问题前，首先要声明的，对于争论此一问题的是些什么人，且不过问。我所讲的，并不因人而言，只对修持净土的法门，略陈刍荛之见而已。

净土法门，是度此娑婆世界众生的一个最方便的捷径。平常一般人，认为净土法门只是显教的一种法门，实际上，正是一大密藏，非常深密的大密乘，而且是最方便，最容易修持，最容易成就的大秘密法门。这个法门在中国流行了一千多年，早已"三根普被"；任何地方，任何时间，都可以听到念佛的声音，不但中国全国如此，扩大范围来看，整个亚洲地区——包括日本、韩国、越南、泰国、马来西亚、尼泊尔、柬埔寨等等地区，都可听到念"南无阿弥陀佛"。

（讲到这里，便详谈"阿"字念法，现记录上，移于后面念佛法门中——记录者按）

在东方，不但信佛修持的人，普遍都念"阿弥陀佛"，即如一般不信佛的普通人，也受佛法熏陶一两千年的影响，随口都会念佛。甚之，有人指出，纵使绝对不信佛法的人，在骂人的时候，也脱口而出，说一声"阿弥陀佛"。例如看见一个自己对他心有不满的人跌倒了，便顺口念一声："阿弥陀佛！"其实，这一声佛号，是带有这一跤跌得好，含有"报应得好"的意味。

这虽是一则不经之谈的笑话，但由此可见这声"阿弥陀佛"是如此普遍。同时可知持名念佛的净土法门——这一声

"阿弥陀佛"的影响，有如此的深远广大。

但是千余年来，修净土持名法门的人，大多都认为念一句"阿弥陀佛"，专志修持，临命终时，可以"带业往生"，因此而给大家无限的信心。认为此生修持，纵然没有成就，但到了临命终时，只要专心一意地念声"阿弥陀佛"，也可以往生西方极乐世界。这可以说是长久以来，很自然的一个信仰，赋予人们很大的信心。如果说"带业往生"是不可能的，一定要消业才能往生，那么大家都会非常失望。认为这一下完了，这好比世法中的投资，没有希望了！因为不知道自己的业，何年何月才能消得尽，怎么办呢？几时才能到净土？几时才能往生极乐世界呢？

这一来就很严重了，比起世间做股票生意的人，遇到跌停板时，短短时间便受到倾家荡产的打击，还更严重。所以这次应几位法师之邀，也不能不谈一谈了。

二

实际上"带业往生"与"消业往生"这两句话，都有道理，并不是哪一边对，哪一边不对。这两句名言，是前辈善知识以及现代的善知识们，说法的方便话。一个有成就的人，教化别人，每每因时间的不同，地区的不同，对象的不同，在说法上，就有各种不同的方便，所谓"观机设教"，便有因时制宜，因地制宜，因人制宜的作用。

我们知道，"带业"与"消业"这两方面的辩论，重点在一个"业"字。那么，我们学佛的人，当然先要了解什么是

"业"。

业并不是绝对的坏事。我们知道，佛说的业，内涵三种：善业、恶业以及不属善不属恶的无记业，统称之为业。既然如此，那么，修行的人是否也在造业？答案是肯定的。修行人也在造业，诸佛菩萨也在造业，因为修行是在造业，造就至善纯净的善业，以至于菩提道业，既没有无记业，更没有恶业的杂染。

如果说，往生西方，都要善业成就，那么善业成就的人，在理论上，是否也是"带业往生"呢？答案很肯定，当然也是"带业往生"，是带善业而生。如果说带业不能往生，必须消业才能往生，会使人认为消了恶业、无记业还不够，一定要修成一切善业如菩萨，才能往生。只因"消业"两字，在定义上，说得太仓促含混了，因此引发了争论。

更进一步说，倘使必须消了一切的业才能往生，那么极乐净土，就不欢迎我们，不欢迎一切众生，只欢迎成就菩提道果的大菩萨，甚之成佛的才能往生了。没有这个道理，也不是这个道理。且别说大菩萨们，只讲一般修行的人，真正能将善、恶、无记等一切的业都消尽了的，能有几人？况且根据佛的圣教，只有转业，而不能消业。"转识成智"，转识成佛。所谓"带业往生"，固然是古代善知识方便的说法，"消业往生"，也是一时方便的说法。如果彻底穷究，便要试问：消掉了什么业？

譬如小乘成就的阿罗汉们，甚至证得了有余依涅槃的阿罗汉们，他们的业还是存在，只是暂时内伏下去，因此也能成道。我们不要以为阿罗汉们已经成道了，他的业就此能消灭了，只是暂时潜伏下去而已。甚至于"地"上菩萨，以及没有到"地"的菩萨，还都是带业的，只能说："地"上菩萨的业，转化、净化到一个层次，或转化、净化到某个程度。佛说："假使经百劫，所作业不亡。因缘会遇时，果报还自受。"例如世尊释迦牟尼佛，现生还得示现，接受往劫的果报。绝对不能说我已成就了，就可赖债不还报而消业得了。所以，如果一定坚持要消了业才能往生，否则便不能往生，此说似乎太过固执了。如果认为非如此不可，则落在"见取见"和"所知障"中。主观成见的"见取见"容易形成法执。例如世间成见说：此事非如此不可！但是，佛法没有如此不圆融的。

再进一步研究"带业往生"与"消业往生"的争辩。"带业往生"一语，在佛法的经论上，是没有明确地看到。这句话最初的出现，是元朝一位有成就的大和尚——惟则禅师，他著作的《净土或问》中，针对某些人就净土法门所提出的疑难，做了一些解答。在他这一著作中，提到一句话——"带业得生"，他的方便语意，是说即使带业，也可以往生西方极乐净土。

到了明朝，净土宗的蕅益大师，也提到这个问题，他提出的意见，是"带惑往生"。所谓惑，就是"见思惑"，也即是业。一直到现在，七八百年以来，我们中国佛教，不管在家出家的道友们，都熟习蕅益大师此话而更不疑。他所提出来的，比元朝惟则禅师所说的更明白。至于提倡"带业往生"最有力的，便是现代前辈善知识印光法师。

当民国初年到二十年之间，中国文化，也随时代的改变，政体的革新，受到西方文化的激烈撞击，一切在不今不古、不中不西、不新不旧的大紊乱中激荡不安。根深柢固的中国佛教文化，在激进派的打倒军阀、打倒迷信等等口号下，遭遇很大的破坏。身任佛教会长的敬安法师（八指头陀），被北洋军阀积威之下的内政部长亲手打了一记耳光，活活被气死。在这一段时期，佛法的禅、净、密、律等，都一蹶不振，不像现在受到学术上的重视，宪法上的保障，可以说五浊紊乱的现象，如火燎原，方兴未艾。印光法师以亦佛亦儒的善巧方便，笔伐口诛，大声疾呼大家好好念佛"带业往生"，实为法师的无上悲愿，一片婆心，善巧运用方便法门，才使佛法佛教，更为普及。

什么是"惑业"呢？惑与业的名词，有时候，是连在一起来讲。所谓"惑"，即无明迷惘。什么是我们的惑？在教理上有两种，"见惑"与"思惑"，简称为"见思惑"。所谓"见惑"，包括邪见、身见、边见、戒禁取见、见取见五种。以现代语来说，就是不正确的思想、观念、看法。例如现在讨论："带业往生"是对的，还是"消业往生"是对的？双方都是在"见取见"的见惑上引起争执。所谓"思惑"，即是思想观念中不好的性情，包括：贪、瞋、痴、慢、疑五种。如果把"思惑"了掉，发大愿力，往生极乐净土，那就是已经成就大半的大士了。我们凡夫，没有一个绝对真能把"思惑"完全了掉的。这样一来，只有已经成就的菩萨、大阿罗汉们才能往生净土，我们这些带业凡夫，绝对没有希望，只好暂住在东方也不错。（一笑）现在我们明白了所谓的业，包括了"见思惑"惑业的道理，当然也就是包括了世间做坏事的恶业。

如果说古代的祖师们所说"带业往生"是错误的，乃至于大家非常佩服的近代的印光法师，几乎口口声声主张"带业往生"是讲错了的，那就使大家失去了无比的信心，无比的方便。假如我们要标新立异，别出心裁，推翻古代祖师所说，认为他们完全不对，只有"消业往生"，这才是现代有成就的善知识的确定名言，那也未免太过了。其实"消业往生"，也只是一时的方便话，对某一种人或对某一个人，某一时，某一处说的，并无不可。例如某人平常造业很多，现在要劝他学佛，至诚忏悔，消灭恶业，俾得将来往生净土。如果他说自己造业多端，怎能往生净土？这时劝他，没有关系，带业可以往生。这样，确是善知识们的善巧方便。而有一些人学了佛以后，我慢、贡高、师心自用，好像天上天下，唯他独尊。我常对这些人说，天上天下，唯我独尊的，是我们的本师释迦牟尼佛，而不是你。对于这一类的人，就要告诉他，消业才可以往生。不然你的人我贡高还那么重，如果能往生，那么"阿弥陀佛"那里管入出境的就太不公平了。（一笑）所以说：这些都是善知识一时的方便说法，不可执着，也无争论的必要。只要大家自己好好修持心地，绝对正信佛说的没有错，何必为了这些话，争来争去，争了半天，争得脸红耳赤，又在那里大造口业，有什么好处？有这么多争辩的功夫，用来多念几句佛号，该有多好！何必去争论这个呢？所以说不要标新立异吧！

更可惜的是，本来"带业往生"已经给予人们无比的信心，个个有希望，人人有机会。现在一定说非消业不可往生，那么许多人都会自认此生造业如此之多，既消不了，又何必学佛！于是更走极端，更去造业，那可真的完了。那么随声附和，高唱"消业往生"这句话，就语气太重了。

因此说，说法要留意，"观机设教"——观察一切人，以及当时当地的机缘。不然也很容易犯口过。可见善知识、法师是很难做的。

因此我更要声明，我不是一个善知识，只是一个乱七八糟的凡夫，也许凡夫的资格还不够，说不定将来要下地狱。地狱有十八层，加上现代化的地狱，可能还有地下室，有了十九层、二十层都不一定。恐怕将来我要下到十九层半。在第十九层阴暗角落的我，说的话不见得正确，只能供大家做参考而已。

三

古人说："一句合头语，千古系驴橛。"这是说，善知识们说法，"言出如箭，有力难拔"。如果有时掉以轻心，偶有一字之差，在善知识本身，也许无关宏旨，但言者无心听者有意，弄得不好就使他人造作恶业，这就是"一句合头语，千古系驴橛"。有如偶尔在路旁打了一根给人们挂东西的木桩，不料后来的人们，无论是骑驴子的、骑马的、放牛的、放羊的，乃至牵狗的人，经过这里，都拣现成的便利，把牲口们系到这根桩上去。

再说，我们的本师释迦牟尼佛并没有肯定说过，非消业不可能往生，或带业绝对可以往生的话。可是，学佛的人，大多都念过《阿弥陀经》，这本经典上记载佛说：

> 若有善男子、善女人，闻说阿弥陀佛，执持名号。若一日，若二日，若三日，若四日，若五日，若六日，若七日，一心不乱。其人临命终时，阿弥陀佛与诸圣众，现在其前。是人终时，心不颠倒，即得往生阿弥陀佛极乐国土。

一个普通的人，在最短的七日七夜，就真的能把业力消得干净吗？你不妨试试看。其实，只要人们一念回机，在真诚悔悟的灵明一念之中，专诚皈命念佛，不起杂染意念，则"一念万年，万年一念"。岂非当下即与佛的净土心心相印？如此七日，昼夜一贯，当然可以得生极乐净土。这是佛说的话，其中含义，岂非是说带业也可以往生吗？所以大家不要怀疑。

大家都知道，《华严经》是佛经中的大经之一，也涵盖了一切宗派的大经大要。在华严会上，一切诸大菩萨，最后都躬身合掌，回向净土。

在《华严经》八十卷本《入法界品》中，普贤菩萨也曾教导我们念佛的法门，如说：

> 或有众生，一日一夜忆念于我，即得成熟。或七日七夜，半月一月，半年一年，百年千年，一劫百劫，以及不可说佛刹微尘数劫，忆念于我而成熟者。或一生，或百生，乃至不可说不可说佛刹微尘数生，忆念于我而成熟者。或见我放大光明，或见我震动佛刹，或生怖畏，或生欢喜，皆得成熟。

普贤菩萨在这里说,有些众生,只要念他一日一夜,就可以成熟。但也有延长到七日七夜,甚至无量数劫等等,才得成就。可见劫数无定,端在一心。为什么要排列这样多的数字?其中隐藏了一个秘密,须得仔细参详。不过,这是另一个问题,不必在此多谈。

或者说,上引经文,只是普贤菩萨的境界,不是"阿弥陀佛"的净土。但是,我们要知道,佛佛道同,念"阿弥陀佛"就是念十方诸佛的大光明法藏。

因此再将普贤菩萨所说的长偈中,有关带业往生或消业往生的这一部分,摘要提供大家参考。如说:

> 随诸众生心智业,靡不化度令清净,如是无上大导师,充满十方诸佛国。

> 若人志劣无慈愍,厌恶生死自求离,令其闻说三脱门(指"空"、"无相"、"无作"),使得出苦涅槃乐。

> 如来无碍智所见,其中一切诸众生,悉以无边方便门,种种教化令成就。

> 若有闻斯功德海,而生欢喜信解心,如所称扬悉当获,慎勿于此怀疑念。

普贤菩萨说,"随诸众生心智业,靡不化度令清净"。任何一切众生,不问其任何种心,任何种业,只要心智清明,没有不能得到他的度化的。可见志诚一念，就可以转业净化。被化度众生的我，以及发愿度化众生的菩萨或佛，都是"如是无上大导师，充满十方诸佛国"。十方无上的大导师，当然也包括西方极乐世界阿弥陀佛。如果自己已经消尽了一切业力，自己就已转心化佛，转身成佛。那么，心净则国土净，也可以度化一切众生，来生在自己的国土里，又何必一定要到西方或他方去呢？譬如世间法，现在大家都想去美国，因为现代美国的生活水准比其他各地好，假如其他地区的生活水准也跟美国一样的好，甚之全球都同样的好，又何必一定非到美国去不可呢？

现在我们所说的往生问题，其实，也是释迦牟尼佛的善巧方便，说出西方极乐世界，阿弥陀佛愿力所化的净土，实是无上方便善巧的法门，并非说诸佛菩萨成就了，消业了，都要往生那里。十方三世一切诸佛，都有国土，无处不在，无时不在。就是我们这个娑婆世界，释迦牟尼佛也曾经亲自示现过，他用手一按，立即显现这个世界清净面的佛土。他方菩萨也有到此来生的，所以说往生者，究竟往哪里去？生到哪里呢？如果真正善业完全成就，恶业消除，则尽可生而不生，往而不往，随方皆净，何土不生？又何必有来有往？既然无处不是生，无处不是往，无往也无来，拿什么叫作"消业往生"或"带业往生"呢？如果三业真正清净，完全成就了的人，无所谓往生，既不往生，则所谓"带业"与"消业"都没有关系，当然不成其为一个问题了。

就因为我们没有成佛，才须至心皈命，效法阿弥陀佛四十八愿，信心清净，往生西方极乐世界，到阿弥陀佛那里去再求学，在那里好好学，好好继续修持，转化潜伏的业力，终而成佛。但有人发愿往生西方，也有人发愿往生东方。东方有药师佛，北方有不空如来，南方有宝生如来，中央有毗卢遮那如来。都因众生愿力不同，往生方所也不同。可是佛佛道同，各各的佛土清净，并无差别。有差别的，只是外相而已。现前娑婆世界虽为秽土，这是因为我们的染污业力所现。但佛在别的经典也曾说过，要想成佛的大菩萨，必须要到娑婆世界来，才得迅速成就。因为这里有苦乐、善恶、烦恼、清净，各个层面兼具，凡圣同居，魔佛俱在，处处有障，才易激发解脱慧力，比起他方世界，反而容易成就得快。这也是佛说的道理啊！那么，说不定西方极乐世界，还有诸大菩萨，回到我们这里来呢，君不见普贤菩萨说的"如是无上大导师，充满十方诸佛国"吗？

"若人志劣无慈愍"，假如有人心力差，志力差，顽劣而没有慈悲心。"厌恶生死自求离"，有一天想通了，不再留恋这个世界，找个好地方去往生，于是也可以"令其闻说三脱门，使得出苦涅槃乐"。告诉他空、无相、无作的三解脱法门，就可以使他转业成道了。

"如来无碍智所见，其中一切诸众生。"我们必须注意"一切"这两个字，业力很重的人，当然也在这一切众生之内。佛智所见，慈悲愿力所被，不是只度好人，坏人更要度。这是佛的精神，也是我们学佛的人要学的精神。善业成就了的人固然要度；善业没有成就的人也要度；恶业深重的人更需要去度。所以佛所见的，所注意的是一切诸众生，不只是消了业的人。

"悉以无边方便门，种种教化令成就。"教化的法门不是固定的。因此可知，不一定是带业才能往生，也不一定说消业才能往生，如果固定一式而不圆融无碍，即非佛法。

正如普贤菩萨的教示："若有闻斯功德海，而生欢喜信解心，如所称扬悉当获，慎勿于此怀疑念。"倘使我们偏执如何才能往生，如何又不能往生，似乎都是自生怀疑，是"见思惑"上的争论事，何苦自于佛头着粪呢？

又《华严经》八十卷本《普贤菩萨行愿品》，最后的偈语说："我此普贤殊胜行，无边胜福皆回向，普愿沉溺诸众生，速往无量光佛刹。"所谓沉溺诸众生，他又沉溺在哪里呢？凡是沉溺在业海中的一切众生，当然都是带业的。纵然带业，只要你真正依照普贤菩萨的行愿，赶快发心速往无量光佛刹，蓦直而去，又有何疑？因此，希望大家不要在"带业往生"或"消业往生"这个问题上去争论。重点只在我们自己好好发愿修持，自然可以速往无量光佛刹，也就是过此以往"阿弥陀佛"愿力所成的西方极乐世界的净土佛刹。

这次受几位法师坚邀讲"带业往生"与"消业往生"的问题，暂时到此为止，最后向大家报告的，如有坚定信心，带业绝对可以往生。当然能消恶业而成就善业的，多带些善业往生去的更好。善业成就，乘愿往生，莲花大如车轮，即使善业未纯，小一点的莲花也可以。（一笑）但是，业是消不了的。无论大小乘的教理，没有真正消业的事，只有转业，才是正论。因此，可让我们大声疾呼一句：凡诸善信，迅速"转业往生净土"吧！可是这样一讲，好像愈讲愈糟了！这句话又要变成第三种主张了。奉劝诸位，切莫再去搞这些人我的是非之见，只须依照古德的一首名偈修去便好："修行须是铁汉，著手心头便判，直趋无上菩提，一切是非莫管。"

一个人修道，先把自己肯定下来，此心不再动摇，有如铁铸一般。自己用功，自己念佛，自己境界，自己成就，都是自己造的业。好与不好，自己明白。只要一条大道，一直走去，管它那些是非论辩做什么！请看龙树菩萨所作《大智度论》云：

> 有诸菩萨自念，谤大般若，堕三恶道，历无量劫，虽修余行，不能灭罪，后遇知识，教念阿弥陀佛，乃得灭障，超生净土。

读此经论，便知"带业往生或消业往生"两语，各各善巧方便不同，无非无是，正如《楞严经》云："随众生心，应所知量。"如斯而已。

四

现在，贡献大家念佛的法门，也就是习惯所称的净土法门。

我们一千多年来，所流传净土宗的念佛法门，到了近代几百年来，大多都是采用"持名念佛"的途径，念"南无阿弥陀佛"的名号，就是持名念佛。"阿弥陀佛"是佛的名号，"南无"是皈依的意思，这是大家都知道的，不须我来饶舌多谈。"南无"两个字，要念成"nā mō"。

但念"阿弥陀佛"的名号,有一点需要注意,不可以念成"哦(ō)弥陀佛",要念"阿(ā)弥陀佛"。阿(ā)是开口音,嘴巴张开,在喉部、胸部发音。这个"阿(ā)"字门,也就是密乘的"陀罗尼"——总持法门之一。密乘修法中,具有"阿"字门的观想和念诵法。"阿"字是梵文字母的生发音声,是一切众生的开口音。所有佛经,大都从梵文翻译过来。梵文的真言咒语,有三个根本咒音,也就是普贤如来现身金刚萨埵的根本咒。这三个字是"唵(ōng)""阿(ā)""吽(hòng)"。简略地说:

"唵"的意义是永恒常住,不生不灭,不垢不净,不增不减,遍满法界。

"阿"是无量无边,无际无尽,生生不息,开发光明。

"吽"是无边威德,无漏果圆,无上成就,迅速成就。

如果念成"哦(ō)弥陀佛",就有偏差了。"哦(ō)"的发音是嘴部收缩成为一小圈,单从喉部(生死轮)所发出的声音,是轮回的音,轮回音是下沉的。所以不可以念成"哦(ō)弥陀佛",必须要规规矩矩念出"阿(ā)弥陀佛"的清朗音声。

一切众生,既有生命,首先发音的一定是"阿(ā)"。它是开发的,上扬的,示现生命的生生不息。例如婴儿所发的第一声,以及开始学说话,都是"阿(ā)"的发音。至于"哦(ō)"音是沉没的,向下的,甚至可以说是沉堕的音声。即如念唱华严字母的梵音,起腔由"阿(ā)"字开端,到"陀"字完结,便是咒音的"声明"内义。

持名念佛的法门,如果只念"阿弥陀佛"四个字也就够

195

了。人在临命终时，气息将绝，这四个字也念不出来时，就系心一缘，念"阿……"也就够了，绝对够了！我说此话，绝对负责任，如果错了，我愿下地狱。但千万记住，系心一缘在"阿弥陀佛"的这个"阿"字。甚至这一声也来不及念，念不出声了，就要断气了，那就不要出声，只要忆念就够了。

"阿弥陀佛"这四个字，就是一个大秘密。

"阿"在梵文中的含义，包含了无量、无边、无际、无限、空、大、清净等等，很多的意思。总之，是一切众生的生发音，是开口音。

"弥"是时间、寿命无限地延长、延伸，连续绵远，无尽止地延续、伸展。

"陀"是光明，无限的光明，无量的光明，无边无际、无尽的光明，大而无外，小而无内。

五

因为"阿弥陀"这三个字的意思无法用少数几个汉文字表达出来，于是就照梵文名号译音。

根据巴利文的发音，或根据后期的梵文发音，对于阿弥陀的"陀"字，就念成"达"的字音。

总之，阿弥陀即无量寿、无量光。这便是一个大秘密。光和寿，代表空间和时间。阿弥陀即包括了无量美好的、殊胜的时间与空间。一切物理世界，三千大千世界都有生灭，只有时间、空间——光寿无量，没有生灭。它充满了法界，尽法界、遍虚空，无处没有光。白色白光，红色红光，黄色黄光，蓝色蓝光。黑色的也有光。虽然说现代的光学常识，把光与色加以界说，白是融射一切光的表色，黑是隐没一切光的表色。其实，黑只是不反射光的相，它同为光之体所含摄，五彩、七彩、多彩的光，只因光波长短的不同，它所显示的表相——光色即有不同。而光是无所不在，无所灭处的。所以说尽虚空，遍法界，无不在佛光普照之中。但虚空无尽，法界无穷。诸佛性光，也无穷尽。

无量寿、无量光的"阿弥陀佛"，他究竟在哪里？我们的身心内外，无所不在，处处都在。那么，这光从何而来？从眼见的电灯光而言，它是从电能发生的，而电能是从宇宙间的能源而来的。但"能"又从何而来呢？最初最初的能，不是物理的，是心、佛、众生，三无差别的自性光所感发的。所以"阿弥陀佛"无量寿光，即是我们的自性心光。念"南无阿弥陀佛"，自性心光就出现了。并且光与音声都同时遍满。心光通于佛性，佛性自在心光。

光有很多层次，有很深奥的内涵，随便介绍出来，在有些学习密宗的人看来，是一项很严重的事。但在我的观念中，密宗与显教本无差别，无所谓密与不密，一切都应公之世人。"道"是天下的公道，有利于人的，不应该保守什么秘密。如果另有秘密，而不可传，岂非佛法也有藏私吗？既然不能公开，尚须藏密，则此秘密何以值得相信？大公无私的道，不属于我之所有，也不属于任何人所应该秘密拥有的。这就好比空气、阳光，人人都有权分享，应该获得。所以不管显密，只要有益人群的，凡是所知的，都可以付出，一切都布施，一切都供养，不必藏为己有。真有秘密，秘密在每一位自己的身心中。所以云门禅师说"我有一宝，秘在形山"。

光有子光、母光。凡有相的光明，都是子光。眼前的灯光是物理世界的子光。假如将灯熄了，一片黑暗，黑暗也没有什么可怕的。在电灯光中念佛，灯熄了，就在黑暗中，照念下去。念久了，自性心光发出，与阿弥陀佛的无量寿光融接了，在黑暗中也自发现光明照耀，这种境界，不是想象所得。

要知道，我们人类是在白天的日光中才能看见东西的生物。在这个世界中，有比人类更多的众生，在白天日光的强度下，看不见东西的众生，更多得不知其数。如蝙蝠、猫头鹰、虫蚱等等，有的反而要在黯淡的光线下才能看得见东西。它们都在黑夜才出来活动，它们有的看见日光，反而受不了，甚至会导致死亡。各各众生的业力不同，感光就不同。所以阿弥陀佛也在它们中间放出各各感应不同的光。大家须要懂得这个秘要，才可了知佛的慈悲广大心愿。

当你念佛，念到光明现前的时候，不要执着它就是胜境。这种光明还是子光，不是母光。到了一念不生，清净圆明，既无所谓光，也无所谓不光，自性心光现前，方可与阿弥陀佛的心光相接了。如果你在念佛时，见到有相的光明，便以为是阿弥陀佛放出光来接引你了，那就未免太小器了。那你拿四十元买一支手电筒，轻轻用手指一按，就会发出光亮，岂非比念佛打坐要便宜得多！（一笑）总之，有相光明，还是子光。换言之，它是母光的反映。有些人在静坐中，发现了光，就很高兴，认为自己有功夫，有道行了，这才是傻瓜。岂不闻佛在《金刚经》上说："凡所有相，皆是虚妄。"所以必须了知，那是子光，不是母光。

那么这类的有相光明好不好呢？不执着就好，执着了就不好。如果不执着、不着相，那有相的光明，与自性心光便自渐渐融会一体。如果执着了，便落在生灭妄缘中，那就不好了。所以说，持名念佛，如果能体会得佛号无量寿光的涵义，那就更好。

再说持名念佛的法门，也即通于普贤如来和观自在菩萨的大光明藏的法门，光寿无量，无所在而无所不在。

六

其次，修阿弥陀佛的净土法门，有三本大经，最好先要了解：（一）《无量寿经》，（二）《观无量寿佛经》，（三）《阿弥陀经》。后世的习惯，对《阿弥陀经》，称之为小本《弥陀经》。因为内容扼要，经文字数较少，故叫"小本"。能熟读三经，对于净土法门，必可了然于心。

归纳起来，修持净土，除"持名念佛"以外，还有很多其他法门，现在先介绍简略的"观想念佛"。

观想念佛，先要将小本《弥陀经》所说西方极乐世界的境界，以及《无量寿经》所说的境界，乃至《法华经》中佛所说的奥秘，做基本的认识。

观是心观，想是心想。老实说，修行就是造业。不过不造五浊恶世的恶业或无记业，而是造善业，进而修造成佛的菩提大业。观想就是转业的方法，因为观想也是"见"、"思"的境界。在凡夫的"见""思"上，未曾明道，一切皆在无明杂染中乱起"见""思"，所以叫作"见思惑"。明道以后的

"见"则转为般若智的见地；"思"则转为正思惟的观照成就。一念之间，转识成智的关键即在此，只要将此一念转过来就行。可是多少修行人，最难得的便在此无可着力的一转啊！

观想念佛有许多方法，将来如有机缘，再做详细讲述，现在先简略说一容易做到的方法。

首先，应请一尊庄严相好的佛像。或雕、或塑、或画、或瓷造、或铜制都可以。修习者，自身或立、或坐——跏趺坐，须面对佛像。但佛像的头面，必须略高过于自己的头额，佛相的双目与自己双目平视而略高些许。自己看着佛的眉间，或清净妙目，这样长留影像。不管他是真身佛或塑造画像的佛，初步只须存念观想清清明明习惯性所见的影像，"系心一缘"，念念不忘。但是佛有三十二相，八十种好，刹那间是不容易观起来的。因此，初修者，或者只观佛像眉间的一点亮光，或观佛的清净妙目也可。这样也就是"系心一缘"的念佛法门。但有人看见佛的双目笑了，自己也笑了，这却不可以。因为，动了散乱心念。此时仍应一心不乱，系心一缘地观想下去。观好以后，有了深刻印象，不须太加着意，渐渐地，随时随地，都有阿弥陀佛一点亮光的深刻印象现前，而此心念中的阿弥陀佛，念念不忘。乃至观佛全身，以及极乐世界的净土境界，一一历历分明，这样便是初基的观想成就。在开始修观的时候，也可以直接观佛的全身，或观佛像胸前的"卐"放光。

在修此观想念佛的法门中，真的看见阿弥陀佛现前时，切莫乱动欢喜心，或种种散乱心，这只表示你观想对了。所以这时，不要欢喜，也不要恐惧，只要澄心止意，一念不乱，我在佛的心中，佛也在我的心中，了了分明，无有差别。但也不是说好像投胎一样，投在佛的身中，而是觉得我心与佛合而为一，佛我一如，了无分别。既不我慢贡高，也无欢喜也无悲，一心清净自在，一念"阿弥陀佛"。所谓"万年一念，一念万年"，如此即可。

如果有时候观到自己身体内外充满光明，心中不要起分别，不要问此光是真是假，是佛是魔。是真的佛光也很平凡，是魔光也没有什么可怕，即使放光动地也不稀奇。这些境界，都是自性心光的偶然显露而已。一切众生，本来就具备了这些功能，现在只是回复了自性心光，不稀奇、不执着就好。如果一生执着之心，就自起魔障了。有时观想念佛下去，自己头顶会呈现光明。但要注意，头顶放光，同样也不是用自己的眼睛看见的。如果是用眼睛看见的，则两眼必已上翻，那样会影响眼神经与脑神经。凡是念佛念得好的人，外面的形貌，更显得慈祥、可亲、活泼、和蔼、清净、庄严，心身更健康，头脑更清楚，是一个活活泼泼的平凡人，慈悲喜舍的平凡人。稍有怪异，即不是佛，而是糊涂的"糊"了。所以说，头顶放光，身体内外放光，都是自己观照而知的，不是肉眼所见。肉眼看见的光影，必须小心求证，是否是眼病现象。如在灵明中，见一片光明，常时修习，永不退转，将来临命终时，从顶囟门蓦直往生西方极乐净土，就有把握。但年纪大的人，平常日子念佛观想，如无真正定力功夫，切切不可随便就观想头顶，否则，很容易走掉，或者引起血压升高。所以密乘传法时，往往同时传授药师佛的长寿法，观想药师佛的法门，是从头顶下降，不致虚脱。强健的人也可以修此法门，因为年轻人寿元充沛，未来的日子还长得很，须知一个人求生不易，求死也很难，所以要真能修到来去自在，可不容易。

七

再说"持名念佛"的三种法门：

（一）出声念佛

念"南（nā）无（mō）阿（ā）弥（mī）陀（tuó）佛（fó）"字字要发音清楚，可以大声念出，但不要只在喉咙嘶叫，心里却在打妄想。要由喉咙以下的胸腔发音。由丹田的气，连接上来发声，一口气念下去，念到气接不上来时，闭上嘴巴，不要用任何特别呼吸的方法，只任其自然，听任鼻子自然呼吸。此时心中没有杂想，片刻之间，非常清净，既不造妄想业，也不动祈求心。这样一口气、一口气地念去，心气合一，心念合一，便得大利。如果念到声光合一，也不必志得意满，此中道理已如前面所说，不必多讲了。

（二）微声念佛

虽然还是一口气、一口气地念，但旁人听不太清楚，只是自己耳根返闻内听，一字一句地清晰念去。

大声念或微声念，都要一字一句，清清楚楚。最好耳根不要分听外界的声音。在念佛中间，纵有一个杂念，要立即自净其意，要以念佛之念来遮断一切杂念，专心注意在返闻内听上，杂念自然中止不生。念到六根不受外界影响，念念是佛，这样也就是合于观世音菩萨"返闻闻自性"的法门，同时也可进入大势至菩萨"净念相继"的念佛境界。

如此念去，若一日、若二日、若三日、若四日、若五日、若六日、若七日……一直念下去，当然没有不成就的。如是修去，在活着的时候，身体健康，百病消除，身心康乐。一旦临命终时，可以不麻烦自己，也不拖累别人，那便恭喜自在了。

（三）瑜伽念佛

持名念佛是出声念佛，要声气合一。瑜伽念佛，是意念合一，达到如《楞严经》上《大势至菩萨念佛圆通章》所讲"净念相继"的境界。这也就是心心念佛的法门。如活在世间，能修到"净念相继"，将来临命终时，往生净土，必然成就。所谓"净念相继"，就是由持名念佛或观想念佛，而到达随时随地，念念在佛念之中。这种瑜伽念佛，最初正如白居易的诗偈所说："坐也阿弥陀，行也阿弥陀，纵使忙似箭，还是阿弥陀。"随时都念念在阿弥陀佛。平常一般人说，现在是超音速的时代，一切都讲究快，讲究速度。所以许多人都说，我太忙了，工作太紧张了，没有办法念佛。听来好像蛮有道理，但是忙到极点，也不会像射出去的箭、发出去的子弹那么急速吧。纵然忙到这个地步，身忙心不忙，能够做到还是一念在"阿弥陀佛"上，必定成就无疑。

如此随时随地念下去，渐渐地念也念不起来了。只是一片清明，了无杂念的闲心。也许有人认为这是业重障深，念佛念不起来了，其实并不一定。有的正是到了净念境界。清净现前，这样身心清净，突然断念，既无过去心，也无未来心，现前一念清明，佛也没有，念也不生，清净现前，正是净念。此时保持身心一片，了了常知，任运自在，这样就是净念相继了。然后一旦身心解脱，当然净土现前，绝对不会不成就的。如果在净念中，了了常知，既不昏沉，也不散乱，顿然定住似的，你就让他多定一会儿，更好。试看五百罗汉的造相，各个不同，有的正在掏耳垢，有的正在捏脚，他就如此地入定不动了。佛国禅师偈云："有时且念十方佛，无事闲观一片心。"诸位若能念到如此境界，当然无不成就念佛三昧。我当随喜，我当归向，暂且讲到这里为止，讲太久了，谢谢诸位，同声念佛，回向净土。

东方出版社南怀瑾作品

易经系传别讲

易经与中医（外一种：太极拳
与静坐）

小言黄帝内经与生命科学

漫谈中国文化

　金融　企业　国学

廿一世纪初的前言后语

易经杂说

新旧教育的变与惑

南怀瑾讲演录 2004—2006

南怀瑾与彼得·圣吉
　　关于禅、生命和认知的对话

历史的经验（增订本）

中国文化泛言（增订本）